오랫 방안
　　기다렸다 오지

이후승 에세이
몇 밤만 기다렸다 오지

2025년 10월 25일 초판 1쇄 발행

지은이 이후승 | 펴낸이 김은영 | 펴낸곳 북나비
출판신고 2007년 11월 29일 제380-2007-00056호
주소 04992 서울시 광진구 자양로9길 32 4층(자양동)
전화 (02)903-7404, 팩스 02-6280-7442
booknavi@hanmail.net
블로그 www.booknavi.co.kr

ⓒ 이후승 2025
ISBN 979-11-6011-167-5 03810

※ 이 책은 '2025 모든예술31 경기예술활동' 지원사업에서 제작비 일부를
지원받아 발간되었습니다.
※ 이 책의 전부 또는 일부를 이용하시려면 저작권자와 북나비의 동의를 받아야 합니다.
※ 책값은 뒤표지에 있습니다. 잘못된 책은 바꾸어 드립니다

옛 밤만 기다렸다 오지

이후승 에세이

작가의 말

오늘

지난날은
톡 찍은 점 하나였다.
첫눈 내린 초겨울 새벽처럼
눈 뜨면 아련한 첫사랑처럼
순간이었다.

지진과 태풍
이념과 전쟁
기만(欺瞞)과 편견(偏見)의 늪에서
세상이 때로는 허우적거려도
새벽잠 깨어나 창밖을 바라보며
이만하면 그런대로 괜찮은 삶 아니냐
떼거지라도 쓰고 싶은 새벽

어제는 내일이던 오늘이
먼동 어스름을 타고 와 속삭인다

폭풍우는 곧 그쳐
네 앞에 펼쳐질 날들이
봄꽃보다 찬란할 거야

2년 전과 똑같은 자리에 앉아있습니다. 왼쪽 창 너머 멀리엔 원적산, 오른쪽 끝엔 드나들 때마다 여전히 인어 요정 세이렌이 눈웃음을 날리는 곳. 그 새 많은 게 달라 졌습니다. 나이 두 살을 더 먹었고 카공족 운운하며 압박이 들어와 6년 만에 처음으로 매장 직원들의 눈치를 살핍니다. 지구의 기후변화와 세계 곳곳의 전쟁 상황이 심상치 않습니다. 세상은 멀쩡한데 내가 이상한 걸까요. 그 답을 찾기 위해 어쩌면 계속 여기 오는지도 모릅니다.

틈날 때마다 끄적거린 글들을 모아 두 번째 졸고를 내놓습니다. 하고 싶은 얘기를 충분히 담지 못할 줄 진즉에 알고 있었죠. 과감하고 새로운 형식의 글이 쉽게 나오지 않는다는 것이 이유입니다. 해묵은 감성팔이, 신변잡기 범주 내의 소재를 빼내고 싶었으며 사건 전개가 아닌 한 단면만의 묘사로 글이 되는지도 시험하고 싶었습니다. 수필은 항상 고상해야 한다는 일반 관념과도 일부 글에서는 거리를 두었습니다. 의도적으로요. 결과가 어떨지는 저도 모릅니다. 그냥 그렇게 했고 비난과 질책은 온전히 내 몫이라는 것만 압니다. 달게 받겠습니다.

여기 일일이 열거하지 못하는 많은 분에게 이 자리를 빌려 감사하다는 인사를 전합니다. 오래오래 보면서 밥이나 같이 먹자던 문우 보리 선생의 말이 떠오릅니다. 뜨거운 계절이 거의 끝나갑니다. 기도할게요. 다들 아프지 말고 건강하시기 바랍니다.

2025년 9월 하늘 흐리고 공기 맑은 날

사음동 별다방 2층에서

이후승 씀

차례

작가의 말 오늘　4
에필로그 날개　222

1. 구멍 난 양말

환절기(換節期)　14
구멍 난 양말　16
카페 33-3　23
마감과 임종　29
루이의 변명　35
미래 인간　42
이름이 뭔 죄길래　50

2. 뜰 안의 우주

마른나무의 꿈 58

치면 맞고 주면 마시고 60

설거지 67 | 애련정 74

주인을 찾습니다 80 | 뜰 안의 우주(宇宙) 87

아기 배달부 93

3. 헛소리

별꽃이 피었습니다 102 | 다행이다 104

늦어도 괜찮아 108 | 지독한 짝사랑 114

무장아찌콩자반깡보리밥 118

타는 목마름으로— 문학과 정치 사이 122

칼국수 990원 129

차례

4. 그림자

길　136

망치 대장　138

나쁜 놈　144

'서울의 봄' 5월 그날　152

멀건 대낮에 길을 잃다　159

끝말 가는 길　166

그해 가을 밤하늘, 평창 12시간 그리고…　171

5. 몇 밤만 기다렸다 오지

그때 거기   180

빵차와 초코칩   184

문교부 장관쯤이야   190

Bye HK, forever~~~   194

쿼리베이 소곡(素曲)   202

일곱 살배기 홀로서기   207

몇 밤만 기다렸다 오지   214

1.
구멍 난 양말

망신살뻗칠 일 덮어주는 배려가 고맙고 이쁘고, 그러거나 말거나 궁금한 건 따로다. 그런 날만 골라 장이 선다는 건지, 그런 일이 생겨서 장날이라는 건지. 그리고 그게 단순히 그렇게 진행된 우연이었는지, 어쩌다 마주친 황당한 사건이 오랫동안 몸에 밴 나의 일상과 절묘하게 연결되면서 우연처럼 빚어진 필연이었는지.

환절기(換節期)

목숨줄이 끊어지고도
백여 날 넘게 붙어있었다
세찬 바람과 거센 눈보라
모질고 긴 하루하루가
습관인 듯 찾아오더라

햇살 한 줌
바싹 마른 잎새 위에만 내린 게 아니었다
암술 속 구석 깊디깊게 스며들었다지

옆 가지 빈자리
움츠려 살아남은 씨 한 점
연분홍 꽃 되어 봄나들이 오셨다

환절기(換節期)

구멍 난 양말

장롱문을 연다. 양말 서랍 그득히 여름용 목 짧은 것과 푹신한 등산용이 넘친다. 화장실 앞 빨래걸이는 더 가관이다. 버리기 아까워 걸어둔 구멍 뚫린 양말, 빵꾸난 위치는 거의 다 일정하다. 엄지발가락과 뒤꿈치 쪽 뚫린 것 빼면 거지반 짝짝인데 그중 목 없는 놈 한 짝이 발가락 부분은 성거도 그런대로 쓸만하다. 나 원, 양말 한 켤레 맞춰 신기가 이리 힘들어서야. 어쩌다 긴 겨우내 맘대로 빨래를 할 수 없는 사정이 생겼으나 하소연도 못 한다.

영하의 날씨가 사나흘만 계속되면 세탁기를 돌리지 않는다. 그 대신 기름이나 땟국으로 얼룩진 티셔츠에 소매 달린 조끼를 걸쳐 입어 빨랫감을 줄인다. 바지는 구겨진 주름이 엔간히 꾀죄죄해질 때까지, 땀이 찬 양말은 뒤집어 널어 하루 정도 더 신는다. 고지식한 원칙주의자 아내도 이것에 대해선 잔소리가 없다. 텃밭 아래 얕게 묻힌 촌 동네 하수관이 꽁꽁 얼어붙어 빨래 헹군 물이 흘러 내리지 못하고 역류했던 몇 해 전의 대형사고 때문이다.

무주 이틀째, 그해 설천봉의 수은주는 영하 28도를 맴돌았고 점심 지나 한낮에도 영하의 추위를 이어갔다. 천육백 고지 정상에 눈까지 워낙 많이 내렸다. 해가 나도 볼때기는 에이게 시리다. 푸른 하늘, 하얀 능선, 눈발 휘날리는 비탈 옆 까마득한 계곡. 산꼭대기 출발점에서 스키 플레이트 부츠 위에 두 다리를 올려놓고 눈 덮인 언덕을 108킬로 이상 속도로 내달리면 백팔 번뇌 험한 세상사 고민쯤 곱씹을 겨를조차 없다. 잠깐의 즐거움을 시기한 설산(雪山)의 질투였을까, 며칠간 더 머물려던 계획이 옆집 사는 아저씨의 전화 한 통으로 단판에 묵사발 났다. "일 났네! 이 선생네 수도관이 우리 집과 연결되어 있잖아."

세 집이 함께 쓰는 지하수가 닷새 넘게 계속된 한파를 견디지 못하고 얼어붙었다. 수도도 문제지만 난방이 더 심각했다. 보일러가 터졌다면 이 날씨에 수리는 어떻게 할 것이며 추위는 어찌 견디라고, 우물쭈물할 틈이 없었다. 시속 36킬로의 서너 배 속도로 삼십육계 줄행랑치다시피 내달리느라 애꿎은 가속기만 험하게 밟아댔다. 집으로 돌아오는 길 내내 허연 수증기와 물방울로 뒤덮인 보일러실, 냉동 창고처럼 차가워진 실내 공기가 머릿속을 휘저었다.

보일러는 말짱했다. 옆 동네 자칭 만능 수선맨이 꼭두새벽부터 두 시간 넘게 부산을 떨고 나자 수도꼭지에서 물방울이 떨어지기 시작한다. 사람 참 간사하지. 매일 쓰는 물이 그렇게 소중하고 반가울 줄이야. 내친김에 스키복과 속옷 등 빨랫거리를 세탁기에 집어넣었다. 삼십 분도 채 되지 않아 다시 사고가 터졌다. 창고 방에 물이 차기 시작한 것이다. 꽁꽁 얼어붙은 하수관이 빨래 헹군 물을 막았고, 갈 곳을 찾지 못한 물줄기가 세탁기 아래 설치된 배수구로 치솟아 올랐다.

오늘은 방송대 동기 모임 겸한 신년회, 책을 덮은 지

구멍 난 양말 19

수십 년 지나 늦깎이 학생 신분으로 만났다는 점 빼면 동질성이랄 게 딱히 없는 집단이다. 나이나 성격, 재산과 성장 배경은 사뭇 달라도 상대를 포용하는 넉넉함은 여전히 살아있다. 오랜 세월 살다 보면 누구든 간에 웬만한 평지풍파는 대개 겪었지 싶다. 다양한 구성원 중에 자신과 맞는 친구 몇몇을 이곳에서 찾았을 것이며 이심전심 서로를 향한 관심의 출발점이 되었을 테고.

졸업하고 4년이 지났다. 외로움인지 그리움인지, 이도 저도 아니라면 나이 들면서 허전한 그 무엇이랄까, 특별한 용무 없이도 이래저래 만나 밥을 먹고 안부를 묻는다. 40 초반부터 70 후반까지 다양한 연령대 사람들이 가끔 불편한 일이야 있었지만, 학우에서 언니, 오라버니와 형님 아우님으로 호칭만 바꿔 지내며 서로를 다독인다. 시간이 흐를수록 사라지는 게 더 많은 이 세상에서 관계를 끊어내기보다는 웬만하면 붙잡아두는 것이 현명한 처신일 수도 있다.

새해의 첫 모임을 자기 집에서 하고 싶다고 동갑내기인 K가 제안했다. 쉽지 않은 일이다. 음식도 문제려니와 스물 남짓한 손님을 집에 들이기 부담스러울 법도 하건만,

아니라고 거듭 손사래다. 정말 괜찮겠어? 뭐가 문제래. 신랑도 좋아해. 모르는 척 그녀 말을 따르기로 했다.

그렇게 점심 한 끼 곁들여 동창들 만나러 친구 집에 가는 길, 왼쪽 엄지발가락 끝이 뜬금없이 서늘하다. 출발할 때 성겨 보이던 양말 올이 그 짧은 틈을 견디지 못하고 풀어졌나. 그래봤자 별일이야 있겠냐면서 차를 몰았다. 손님 맞는 친구네 집 아파트 현관문이 활짝 열려있다.

신발을 벗고 덧문을 연다. 주인장 친구 얼굴이 환하다. 먼저 도착한 몇 분이 반갑게 손을 흔든다. 고개 숙여 눈인사하다 양말 끝으로 쏙 삐져나온 엄지발가락이 눈에 들어온다. 이런 사고가 이런 날 이런 순간에 꼭 맞춰 일어날 건 뭐람. 인사를 하는 둥 마는 둥 거실을 지나쳐 창가 유리 탁자까지 종종걸음으로 옮겨간다. 사람들 눈으로부터는 일단 벗어났다. 그리고는 누군가가 알아챌까 봐 양반다리로 어정쩡하게 주저앉아 밥상 밑에 두 발을 집어넣고 발가락 끝을 가리기 바쁘다. 두 시간 넘도록 같은 자리에서 마냥 뭉그적거렸다.

저녁 늦게 문자 한 통이 날아왔다. 서너 살 아래 짓궂

구멍 난 양말 21

은 동기생으로부터.

"에공, 오라버니~ 가는 날이 장날 맞아. 애쓰셨어요, 처음부터 알고 있었는데 속으로만 킥킥댔지. 입 꽉 다물겠습니다. ㅋ."

망신살뻗칠 일 덮어주는 배려가 고맙고 이쁘고. 그러거나 말거나 궁금한 건 따로다. 그런 날만 골라 장이 선다는 건지, 그런 일이 생겨서 장날이라는 건지. 그리고 그게 단순히 그렇게 진행된 우연이었는지, 어쩌다 마주친 황당한 사건이 오랫동안 몸에 밴 나의 일상과 절묘하게 연결되면서 우연처럼 빚어진 필연이었는지.

카페 33-3

흉(凶). 새벽잠 깨어 습관적으로 뒤져본 스마트폰 앱이 나의 하루 운을 알려준다.

'의욕은 충만하나 행하고자 하는 일마다 장애가 따른다. 사소한 무관심으로 연인과의 불화를 초래하지 말라. 원거리 여행은 삼가는 게 좋겠고.' 웃음이 난다. 뭔 일이 생길지 두고 보련다. 삼가라는데 정면으로 부닥치고 싶은 심보는 대체 뭔지. 밤늦게 동문 밴드에 올라온 남한산성 북사면의 신도시 얘기가 흉한 운세의 전조였다.

고등학교 후배 A가 위례 신도시에 카페를 낸 얘기는 진즉 들었다. 그녀의 1년 후배인 J가 온라인상에서 한 마디 꺼낸다. '거기 팟타이 맛이 좋고 케이크도 죽여.' 기분 전환 겸 점심 한 끼 후딱 하고 디저트로 남한산성 행궁

앞 단팥빵? 좋다. 일면식 없는 후배지만 동문은 그런 거 잖아. 아무렴! 평소 학연, 지연, 혈연의 문제점을 신랄하게 비판하는 내가 당장 나와 관계된 일이라면 어째서 요 모양으로 관대한지 모를 일이다.

갑작스레 결정한 여행길에서 요즘 말로 소위 '벙개'를 쳤다. '시간 되는 선후배님 망설이지 말고 오세요.' 그런데 이 황금 주말에 사전 계획 없는 사람이 몇 명이나 될지. 그제야 오늘 내 운세가 안 좋다는 사실을 떠올린다. 한 치 앞을 모르는 세상, 무리할 필요 없음을 알면서도 잠깐 망설임 끝에 다시 마음을 다진다. 일상을 잠깐 벗어난다는 사실만으로 다분히 충동적인 결정이라 해도 때로는 존중받을 만하다!

휴가철 고속도로 상황이 거북이처럼 느리다. 어제는 태풍이, 오늘은 차량 행렬이 꼬리를 문다. 맛 좋다는 A 후배네 가게를 떠올리며 짜증을 삭인다. 그런데 행궁, 위례, 벌봉, 신도시, 삼전도, 수어장대 등을 빼고는 내가 가는 곳에 대한 정보가 없다. 갓길에 차를 세우고 J에게 주소를 부탁한다는 문자를 보냈다. '카페 33-3'을 검색하면 자

세히 나와요~~~.'

숫자 세 개를 합친 이름 CAFE xxx 방식의 작명법이 한때 유행을 탔다. 같은 수의 나열이 사람들 호기심을 유발할 수 있다. 『삼국지』의 제갈공명을 들먹이지 않고도 세 개 이상의 선을 연결해야 발 디딜 공간이 이뤄진다고 해서 3이라는 숫자는 동서고금을 막론하고 세상 원리의 기본으로 인식되었다. 그 정도로 대단히 거창하며 좋은 이름이라고 의미를 부여했는데 나중에 알게 된 사실 앞에서 피식 웃어야 했다. 카페 소재지의 번지수가 33-3이라는.

새로 조성되는 도시 어디나 먼저 들어서는 커피집이 여기도 넘쳐난다. 가게 근처 길가에 대충 차를 세웠다. 계산대 앞의 직원에게 사장님 계시냐 물었더니 거꾸로 누구시냐 질문한다. 얼결에 고등학교 선배라고 대답했다. 조금 생뚱맞기는 하다. 머리 허연 애가 찾아와 커피나 시키면 되지 느닷없이 가게 사장을 찾는다는 것이 참. 후배 사장님은 외출 중이었다. 안부나 전해달라는 J 후배의 문자가 때맞춰 도착한다. 없는 사람한테, 뭘!

허기를 참지 못한 혀가 단맛을 먼저 찾는다. 바닐라 라테 테이크아웃을 주문하고 2층으로 올라가 몇 자 휘갈긴다. 글씨는 삐뚤빼뚤 내용은 횡설수설, 대강 마무리했다.

"A 후배 님, 여기 팟타이와 케이크가 맛있다 들었는데 오늘은 그냥 돌아가야겠어요. 가게가 예쁩니다. 다음에 들르죠. YH 5회 ○○○."

전화번호를 써둘까 하다가 관뒀다. 남녀공학이 뭔 죄라고, 남자 선배와 여자 후배는 함께 서 있기만 해도 선생님들의 집중 감시 대상이던 시절이 좌르르….

밖으로 나왔다. 아까는 보이지 않던 길옆 도로표지판이 확 눈에 들어온다. 어린이보호구역, 빨강 동그라미 속 흰 바탕, 그 위의 검정 숫자 20이 갑자기 불길하다. 안 돼도 시속 50킬로는 넘게 달렸다. 속도위반 딱지는 보나마나 당첨! 우리를 째려보던 학생주임 선생님의 날카로운 눈을 떠올리며 주변을 살펴본다. 불길한 예감은 틀리지 않더라는 통설이 이번만은 틀리기를 고대하던 나의 희망은 신호등 옆에서 반짝거리는 속도 측정 카메라를 발견하는 순간 물거품이 되었다.

올라올 때는 한 시간 걸렸다. 하행선 고속도로 상황은 그보다 나을 것이다. 냄새가 싫어 멀리하면서도 어쩌다 술 마실 때면 입에 무는 어른용 구름과자가 당긴다. 파인 컷 울트라 0.1, 휴게소에서 외국산 수입 담배는 판매 금지임을 처음 알았다. 333의 의미 추측은 완전히 틀렸고, 점심 식사를 놓쳤다. 내가 찾아간, 나를 알 리 없는 후배도 만나지 못했다. 속도위반 교통 범칙금이 조만간 날아올 테고 이젠 편의점까지 나를 거부한다. 흉(凶)이 맞네. 그런들, 잠깐의 일탈은 성공했잖아. 남한산성 꼭대기 장마 끝 맑은 하늘이 시리도록 푸르다. 가을이 곧이려나.

마감과 임종

친구의 장모께서 돌아가셨다. 장례식장에 들어서자마자 뭔가 이상하다고 느낀다. 곡(哭) 한마디 없고 빈소를 지키는 가족의 표정도 어둡지 않다. 옛날이라면 어른들 불호령이 떨어졌을 것이다. 머나먼 길 떠나는 분 외롭지 않도록 시끌벅적해야 하고, 곡(哭)이 그치지 말 것, 해서 화투 치고 술 퍼마셔 곤드레만드레, 고성방가 삿대질에 쌈질까지 용서되는 곳이 내 기억 속의 상가(喪家)다. 영정 앞 큰절 대신 국화 한 송이, 고개 숙여 묵념이 최근 장례 문화의 대세가 되었다. 곡소리에 놀라 관 속에 안치된 고인(故人)이 벌떡 일어날 수만 있다면 형제나 자식 된 도리로 못할 일이 뭐랴만.

연말부터 새해 벽두까지 3주간, 아홉 건의 부고가 날아왔다. 때 되어 돌아가시는 어른의 죽음이야 생명의 속성상 그렇다 치더라도 명색이 백 세 시대라는 21세기, 서넛 아래 후배의 부고 앞에서는 말로 표현 못 할 먹먹함이 일주일 넘도록 나를 짓눌렀다. 이 세상 영원한 것 없다는 대명제라든가 망자와의 친밀 정도는 차치하고라도 주변의 여러 사람이 그 짧은 시간 동안 내 곁을 떠났다는 사실 앞에서 참담함을 넘어선 무기력함을 떨칠 수 없었다.

이른 새벽, 전화기를 켠다. 또 한 장의 안타까운 소식이 나를 기다리고 있다.

"안녕하세요. 故 최ㅌㅅ의 아들입니다. 아버지께서 오랜 지병으로 돌아가셨습니다. 책상 위 ○○ 문학상 출품이라고 써둔 짧은 글과 메모지에서 선생님의 존함을 발견했습니다. 아버지의 전화기를 뒤져 연락드립니다. 저희 부친 생전 인연을 이어주셔서 고맙습니다." 얼굴 창백히고 시 좋아하던 동갑 친구와 그의 죽음 그리고 그가 썼다는 글 한 편. 글 마감 전 찾아온 임종의 위기 앞에서 그가 느꼈을 안타까움이 보이는 듯했다.

고등학교 동창의 죽음, 기분이 묘했다. 동기 몇 명에게 문자를 보낸다. 만사 제친 여덟이 고터역으로 모여들었고 늘 꼴찌로 와서 2차 술값 전담이던 친구가 먼저 도착하여 혼자서 쓴 소주를 들이켜다가 넋두리를 늘어놨다. 이놈 장례식에 가지 않으련다. 나 죽거든 니들도 오지 마. 이럴 때 이런 애 달랠 말 찾기에 난 젬병이다. 조용히 건너편 자리에 앉아 소주와 맥주를 섞어 유리잔에 그득 붓고는 젓가락으로 휘젓는다.

봄이 다가오면서 각종 문학상 공지가 활발히 나돈다. 백만 원부터 수천만 원에 달하는 상금 액수가 우선 눈길을 끈다. 이 돈이면 웬만한 책 몇 권을 낼 수 있는 금액, 싫을 사람 없고 나도 예외 아니다. 일정을 몰라서, 온라인 서류 제출이 까다로워서, 정해진 기간 내에 원고를 완성키 힘들어서, 자신 없어서 등 갖가지 이유로 참여를 주저하거나 접는다. 뽑힌다는 보장은 없지만 밑져야 본전이고 떨어져도 그만인데. 준비 과정을 거치면서 수정하고 다듬는 작업을 통해 글의 수준을 올릴 수 있다는 점은 덤으로 얻는 수확이다.

선배 한 분과 얘기하면서 알았다. 출품을 망설이는 원인 중의 하나가 공모전 제출 사실을 남들이 알까 봐 부담스럽다는, 글쓰기라는 본질을 내팽개치고 돈에나 관심을 둔다는 비난의 눈총과 구설을 피하고 싶은 자존심, 그런 것! 이심전심 소심한 밀당(蜜堂)이 뒤따랐다. 제출 사실을 둘만의 비밀로 덮자는 합의 그리고 우리는 ○○ 문학상에 응모하기로 결의를 다졌다. 양쪽이 서로의 의견에 대해 단 한마디의 반대 없이 의기투합한 경우가 언제였던지 기억조차 희미하다.

 공모전엔 모집 분야와 기한, 제출 방법이 명시된다. 준비하는 일련의 과정이 태어나 살다 돌아가는 삶의 여정과 크게 다르지 않다. 결과에 따라 타인의 인정과 명예라는 보상을 받게 되는 점도 마감과 임종의 유사점이다. 차이도 물론 있다. 공모전은 떨어져도 다음을 바라볼 수 있으나 임종과 함께 인간은 세상과의 물리적인 관계가 단번에 마감된다. "삶을 마감하는 일 혹은 그러한 순간"이라는 한자어 '임종(臨終)'의 의미가 문득 새롭다.

 많은 사람이 주변의 불행은 자신과 관계없다고 여긴다.

죽음도 마찬가지, 옆의 누군가가 세상을 떠나도 연민의 시선을 잠깐 내주고는 여전히 자기 문제는 아니라고 덮어둔다. 시점이 다를 뿐 모든 인간은 세상을 떠난다. 불멸은 판타지, 영생은 종교적인 수사(修辭)이며, 신화, 전설과 온라인 게임에서나 등장하는 허구일 뿐이다. 동갑 친구가 죽었다 해서 자신의 생명도 끝났다고 믿을 바보는 없다. 지금 살아있다는 사실이 죽지 않는다는 뜻은 결코 아닌데도.

전화기의 달력을 열어 ○○ 문학상 일정을 뒤져보다가 얼토당토않은 상상에 잠긴다. 죽는 순서도 공모전처럼 심사를 거쳐 정하는 건 어떨까. 끝나면 또 다른 공모전이 기다리고, 죽을 듯 힘들었지만 살아있는, 그래서 다시 일어나 자판을 눌러쓰고 고치고, 당장 뽑히지 않아도 다음번을 기약할 수 있다면야 액자 속 환하게 웃는 영정 앞에서 눈물 훔칠 일, 마음 아플 일 없을 거잖아. 그러면 뭐하나. 이번 상금 많은 공모전 마감이 내일이라카는데 우야지. 아이다. 이건 임종이 아닌기라. 하모하모, 마감을 못 맞춰도 미끄러져도 괘안타카이!

루이의 변명

나는 프랑스의 왕입니다. 몇 해 전, 서울 소재 어느 대학에서 '루이 16세와 프랑스혁명 그리고 대한민국'이라는 기말 과제물을 내놨습니다. 지구 반대편의 먼 나라에서 나의 이름을 언급한다는 점이 우선 반가웠습니다. 물론 이유가 있겠죠. 나에겐 몰락의 시작이었던 18세기 이 사건을 나의 관점으로 간략 정리하고 싶었습니다. 당신에게는 대한민국의 역동적인 현대사를 이해하는 하나의 단서가 될 수도 있겠습니다. 정치라면 치를 떠는 분들에게 전하고 싶은 말도 있고요.

프랑스혁명은 시민이 봉기하여 봉건적 절대주의 체제를 무너뜨린 부르주아의 혁명으로 알려져 있습니다만 사실과는 다른 내용이 상당히 많습니다. 대부분의 혁명이 피로 얼룩졌듯이 프랑스혁명 또한 숙청과 갈등의 연속이었습니다. 나 루이 왕의 주변 인물과 가족, 나 그리고 마지막으로 그들 내부의 적을 죽이는 것으로 일단락되었습니다. 그게 혁명의 본질일 지도 모릅니다.

프랑스혁명 이전의 구체제(Ancien Régime)는 성직자와 귀족이 면세특권을 누리며 전 국토의 10%와 20%를 소유하는 구조였습니다. 2% 미만 50여만 명의 상위 계급이 40%의 토지를 가지고 호화롭게 살아가는 반면 2,700만 명에 달하는 제3신분 시민계급은 나머지 60%의 토지에서 얻는 수익으로 생계 및 왕실경비 부담이라는 불평등을 감수하며 살아가야 했습니다. 때가 되면 터지는 거죠. 예나 제나 먹고산다는 일의 중요성을 여기서도 알 수 있습니다.

잘못된 이 제도를 개혁하고자 특권계급에 대한 과세와 왕실경비 삭감 조치가 목표였던 명사회 그리고 제1신분과 제2신분에 대한 과세동의를 얻으려던 삼부회는 특별한 소득 없이 끝났습니다. 삼부회를 무력화한 제3신분 대표들의 테니스코트 선언으로 인하여 절대왕권의 부패하고 허약한 단면이 속속들이 드러났으며 제3신분의 정치의식을 자극하는 기폭제로 작용했습니다.

문제는 부르주아 계층이 이들을 정치적으로 동원 이용하는 결과를 낳게 되었고 이것이 추후 노동자의 권익 상승으로 이어지게 된다는 점입니다. 그게 시대의 대세였는지, 기득권을 내려놓고 싶지 않은 권력의 속성인지도 궁금합니다. 나의 무능도 문제였으나 국가를 위한 거시적 결정보다 자기들의 이권 유지가 우선인 귀족의 근성을 확인하는 계기였습니다.

'역사적'이라는 일도 알고 보면 사소한 사건에서 시작된 경우가 많습니다. 미국의 독립전쟁을 지원하면서 국가재정이 어려워졌는데, 'It's the economy, stupid!'이라며 재선에서 성공한 미국 대통령의 촌철살인 경구를 그때 들었다면 내가 그렇게 속수무책으로 당하지만은 않았을 겁니다. 난 국민의회가 요구하는 두 가지 선언의 반강제 이행을 계속 거부했습니다.

그 시점에 물가고와 식량부족에 시달리던 파리 여성들이 빵을 내놓으라며 10월 폭동을 일으켜 베르사유궁으로 침입했습니다. 왕실 용병대를 죽이고 왕실 일가 전부를 파리 교외 튈르리 궁으로 끌고 갔습니다. 바스티유 감옥 습격과 베르사유궁 난입은 분명 시민들의 '폭동'이었으나 역사는 이 사건을 프랑스 '혁명'의 시발점으로 기록합니다.

나의 불안은 차츰 구체적인 형태를 갖춘 위기감으로 커졌습니다. 설마 태양왕의 후예인 내게 감히 그러랴 싶었던 귀족의 배신과 시민들의 분노 앞에서 왕의 위엄은 고사하고 매 순간 생명의 위협을 느끼며 살았습니다. 1791년 6월 나는 옆 나라 오스트리아로 도피할 계획을 세웁니다. 궁 안에서 나의 일거수일투족이 첩자에 의해 빠짐없이 감시 보고된다는 사실을 전혀 모르는 채로요. 솔직히 말하자면 국왕으로서의 위엄이나 창피함은 생각할 겨를조차 없었습니다.

그러함에도 불구하고 나에 대한 평가에서 엄청난 오류가 있었다고 에둘러 설명하는 중입니다. 지난 역사를 재정비하여 바꾸는 일이 어렵고, 어떻게 바꾼다 한들 내 시대가 돌아올 리 없지만요. 대한민국에서 지난 몇 년을 풍미했던 '역사 바로 세우기'와는 규모가 다르고 실현 가능성도 사실 없었습니다. 보수와 진보라는 껍데기를 앞세운 정치인들은 정권을 손에 넣는 순간 정적을 두드려 패기 바쁩니다. 자신들의 정당성 확보를 다지기 위한 작업입니다.

이전 정부의 공은 일단 무시합니다. 필요하다면 변색 작업도 불사합니다. 잘했거나 못했거나 그것은 중요하지 않습니다. 상대를 끌어내려 자신을 높이려는, 비신사적인 행위를 일삼습니다. 유감스러운 점은 이런 관례가 정치적 변혁기의 일과성 현상으로 끝나지 않고 시대를 뛰어넘어 계속되고 있다는 점입니다. 내가 죽은 500년 전이나 지금이나 시대와 사람만 바뀐 채로.

1793년 1월에 나는 죽습니다. 단두대에서 형장의 이슬로 사라지고 로베스피에르라는 인물이 등장합니다. 왕정시절 국민을 힘들게 한 본질적 문제는 접어두고 급진적 변화부터 추진합니다. 혁명이라는 이름으로 수많은 사람이 단두대에서 목숨을 잃었습니다. 그런데 피는 피를 부른다는 만고의 진리처럼 이번엔 '테르미도르의 반동'으로 로베스피에르 등 개혁을 주도한 인물들이 서슬 퍼런 단두대로 보내지면서 시대를 풍미했던 급진주의 정치 실험은 다시 막을 내립니다.

묘합니다. 쿠데타든 혁명이든, 개혁이든 반동이든 또는 야합이든 정략이든 간에 어느만큼의 시간이 지나면 처음에 기선을 장악한 세력이 거꾸로 무너진다는 점이요. 세상의 이치가 그런지는 모르겠으나 대한민국 현대사를 돌아보십시오. 온전하게 권좌에서 내려온 대통령이 없었다는 점을 눈여겨봐야 합니다.

로베스피에르가 죽고 1년 지나 1795년 수립된 유산계급 중심의 총재정부는 경제난과 정치적 불안정으로 군대에 의존하다가 혁명군 지휘자 나폴레옹이 주도한 1799년 쿠데타로 무너집니다. 엄밀히 말해 나폴레옹은 혁명의 계승자라기보다 군사적 정복자였으나, 혁명의 성과를 수용하면서 프랑스 시민계급의 재산권과 행정제도를 확립시키고 근대 국가의 기틀을 세운 혁명의 완성자로 평가됩니다.

프랑스 시민이 왕정 시대의 불평등과 야만적인 관행을 보며 품었던 적의와 분노는 덮어두고 프랑스혁명의 세계사적인 의미, 즉 근대 민주주의의 초석이 되었다는 평가에는 박수를 보냅니다. 그러나 막강 황제도 머나먼 섬으로 유배당해 쓸쓸히 죽었죠. 당신의 나라 대한민국 또한 예외는 아닐 겁니다. 나폴레옹에게 공과가 있었듯이 어느 정치인들 과실은 항상 있기 마련이지요. 나쁜 과거사가 정당하다는 말은 아닙니다. 옳든 그르든 세상은 그런 식으로 돌아가더라는 얘기입니다.

사족 한 마디를 덧붙이렵니다. 새로운 사회 건설을 기치로 내걸었던 혁명 세력의 속내는 그들 말대로 한결같이 순수했던지, 혁명 진행 과정에서 지도급 인사들이 성난 민중의 적개심과 분노를 이용하여 권력을 쟁취하겠다는 위선적인 말과 행동은 없었는지 그리고 그러한 오류가 20세기의 현대 정치사에 만연한 대중 조작과 영합의 못된 답습은 아니었는지 이 시점에서 묻고 싶습니다.

지구촌 전체가 전쟁과 역병으로 고통을 받고 있다지요. 기후변화와 이념 종교 등의 갈등으로 살기 힘들다던데, 특별한 일 아닙니다. 나 살던 그때도 똑같았으니까요. 지중해와 홍해 주변 국가 몇 나라의 지난 몇 년 피비린내 나는 싸움도 이제는 끝내야죠. 욕심 버리는 일이 우선일 겁니다. 지구촌 아름다운 그대들이 평안하기를, 자랑스러운 당신의 조국 대한민국이 평안하기를 진심으로 기원합니다. 아멘!

미래 인간

초등학교(국민학교) 4학년 때 서울로 이사했다. 방학이나 휴일이면 동네 친구들과 신설동까지 걸어가 느릿느릿 달리는 전차를 구경했다. 타지는 못하고 바라만 봤다. 비슷한 무렵 만화방 TV 화면에 아폴로 11호 우주선이 불기둥을 내뿜으며 달나라를 향해 떠났다. 땅을 파고 선로를 깔아 지하철이라는 이름의 빠른 기차를 달리게 한 것도 그쯤의 일이다. 대학 다닐 때 친구가 컴퓨터로 작성한 리포트 프린트물은 또래들의 짙시 섞인 부러움의 대상이었다. 입사 후 첫 월급날 워크맨을 샀다. 그때는 가장 갖고 싶었던 음악재생용 기기였는데 지금 다시 보니 조악하기 그지없다. 이젠 그 몇십 배 넘는 기능을 스마트폰이라는 다섯 손가락 안의 초소형 괴물이 대신한다. 유치원생도 오가는 길에 게임용으로 들고 다닌다.

　사당역의 고층 건물 내 대형서점 식당가, 바퀴 달린 자그만 카트가 졸졸 다가와 우리 일행이 앉은 테이블 앞에 멈춰 선다. 잠깐의 정적, 뭘 어떡해야 할지 몰라 서로 어색한 미소만 교환한다. 사태를 눈치챈 직원이 다가와 설명한다. "실어온 접시를 탁자 위로 내리시고요. 요기를 누르면 쟤는 돌아갑니다." 신기한 듯 바라보던 한 분이 고개를 가로저으며 중얼거린다. "똑똑한 배달부한테 저런 말도 하게끔 교육이나 시키지."

　자잘한 주방기구 포함 편의점, 식당, 극장 등 어디나 ATM, Kiosk 등 옛날엔 몰랐던 기기가 널렸다. 기술 발달의 혜택이다. 마징가와 아톰까지는 좋았다. 007 본드의 신체에 장착된 기발한 무기를 보며 탄성을 질렀다. 조지 오웰의 『동물농장』에서 독재자 나폴레옹은 소설에나 등장하는 가상 인물이었고 지금의 CCTV와 흡사한 기기를 설치하여 개개인의 행동을 감시했다. 그 당시의 현실과는 괴리가 커서 큰 걱정거리는 아니었다. 그러나 이젠 다르다.

가상의 세계에서나 가능했던 얘기가 현실로 나타났거나 곧 다가올 시점을 우리는 코앞에 두고 있다.

확신까지는 아니더라도 현세대가 세상을 떠나기 전 과학기술의 진보는 어쩌면 미래학자들의 예견 이상으로 빨리 포스트휴먼이라 정의된 세상으로 진입할지도 모른다. 자가 운전차가 나오겠냐 심드렁하던 차, 인류 역사는 무인 우주선과 로봇을 화성까지 보내는 시대로 진입했다. 그뿐인가, 아버지 없이 태어나는 아기들, 우월 인자에서 뽑은 얼굴과 몸매, 성격, 거기에다 원한다면 앙드레 지드나 괴테의 지성을 갖추도록 주문 제작하는 시대가 머잖다는 소식이 즐겁지만은 않다.

『호모사피엔스의 미래』(신상규)는 인간의 이해방식을 시대 변화에 따라 다섯 단계로 나눈다. 그 마지막이 현대 우리의 일상 속으로 깊숙하게 들어와 있는 인공지능과 컴퓨터 그리고 '인간과 기계의 경계 해체'이다. 현 인류의 다음 세대인, 즉 포스트 휴먼(Post Human)은 아마도 인간의 기계화 또는 기계의 인간화가 아닐까 싶다. 인간이면서 기계인, 기계이지만 어느 선에서는 인간 모습과 특성까지 갖춘 야릇한 존재는 아무리 생각해도 정체성 측면에서 모호하고 야릇하다.

한 걸음 나아가 자연의 일부인 인간과 과학의 부산물인 기계의 경계가 모호해진 단계, 인류가 자신의 신체를 대상물로 설정하여 부분적으로 성과를 냈거나 가까운 미래에 완성 가능할 것으로 예상하는 개념이 포스트 휴먼이다. 인간 지능과 맞먹거나 그 이상의 인공 뇌를 탑재한 로봇이나 기계가 의식, 감각, 합리적 사유 능력과 고통, 연민 등의 감정을 갖춰 타인에 대한 사랑과 미움을 느끼고 반응하는 존재로 발전하는 존재다. 그 정도면 인간과 기계의 경계는 허물어진 셈 아닌가.

이 단계를 넘어가서 생명공학, 분자나노, 정보 그리고 인지과학 등의 기술이 발전하여, 많은 미래학자의 지적대로, 인류가 스스로 자신의 진화 방향을 직접 선택하는 지점까지 도달할 것으로 보인다. 자연 방식으로 소멸하거나 진화하는 적자생존론만이 인류의 발전 과정을 설명하는 모범적 이론인지가 이미 화두로 떠오르고 있다. 이를 기독교적 관점에서 본다면 코페르니쿠스나 갈릴레오 이후 잠잠했던 신성의 모독 혹은 신의 영역 해체라는 인류 최대의 위기로 점화될 가능성도 있다.

요즘 스마트폰이나 인터넷 검색 엔진 도구를 사용하여 정보를 얻는 것은 일상이다. 유비쿼터스 장치에 탑재된 지능 소프트웨어가 인간 두뇌에 이식된 실리콘 칩과 상호작용하는 시대의 개막을 의미한다. 인간의 반 기계화 시점이 가깝다는 말이다. 2024년 1월 말, 연합뉴스는 테슬라의 최고 경영자 머스크가 놀랍게도 인간의 뇌에 지능 칩을 이식했다는 뉴스를 전한다. 상상으로만 가능한 것이 아니었다. 세상은 KTX보다 훨씬 빠르게 달려가고 있다.

이러한 인간 변형 기술이 상용화할 경우 그것이 일으킬 정치, 사회, 문화적인 변화 및 우리의 가치관과 행동에 끼칠 영향은 과거 그 어떤 기술보다 급진적일 수밖에 없다. '인간미'의 의미와 이에 근거한 도덕 규범이나 가치 등의 근본적인 변화가 논쟁거리로 떠오를 것이다. 이 말인즉슨 원치 않아도 그 가능성을 이론적으로 검토할 때라는 뜻이다. 검토의 핵심은 유감스럽게도 '가능성'이 아니라 신기술의 적용과 관련된 '윤리적'이며 '도덕적'인 쟁점이라고 학자

AI 생성 이미지

미래 인간 47

들은 주장한다.

매트릭스나 인터페이스가 보여준 미래, 그것이 머지않은 시점에 현실 속으로 다가설 것이라는 확정적 가설이 싫고 그에 대한 사람들의 기대치가 크다는 것도 하릴없이 불만이다. 모든 사람이 슈퍼맨이며 인조인간에다가 초능력에 버금가는 지능을 가진 세상이 제대로 돌아갈지도 의문이다. 작금의 AI 대표인 챗지피티(Chat GPT)에 명령어 몇 마디만 적절히 입력하면 웬만한 작가의 글 수준과 거의 맞먹는 그럴듯한 작품이 순식간에 튀어나온다. 챗지피티가 개별인간 내면의 감성적인 부분까지 따라잡을 수 있을 것인지 그저 흉내를 내는 단계로 끝날지는 좀 더 두고 볼 일이지만.

부정하지 못하는 사실 하나가 걸린다. 우리가 아무리 걱정하고 속을 끓인들 인간의 본성에 대한 믿음과 희망을 묻어버린다면 세상 돌아가는 커다란 틀은 내 예상대로 좋지 않게 흘러갈 거라는. 확인하듯 불안한 사람들의 외침이 도리어 처량하다. 그래도 살아있는 한 사실이기를 바라는 한 마디. '걱정하지 마, 수많은 도전을 이겨내며 생존해온 인간, 위대한 인류의 후손이 기막힌 해결 방안을 조만간 찾아내겠지.' 맞다. 아직 아름답고 푸른 지구별을 떠나는 날까지 아끼고 사랑하며 살아갈 방법 먼저 찾아야지. 나중은 늦다. 지금 당장 바로 여기서.

이름이 뭔 죄길래

인종이나 성별 불문 자신을 드러내는 상징으로써 인간은 이름을 갖는다. 자기만의 고유한 명칭을 부여받아 그로써 '나'라는 존재를 의식하며 타인에게 자기를 표시한다. 성격과 외모를 포함하여 '그 사람'을 통합적으로 표현하는 낱말이 곧 이름이다. 꼭 사람만 이름을 갖는 것은 아니다. 우리 사는 세상의 모든 현상과 생물에게도 이들을 부르는 호칭이나 제목, 간판 등이 반드시 딸려있다. 그런 이름이 맘에 들지 않아 바꾸고자 하는 사람이 내 옆에 꽤 많다.

2024년 말 기준, 10여 년간 연평균 16만여 명의 국민이 이름을 바꿔 달라는 개명신청을 법원에 냈고 법원은 90% 넘는 신청자에게 개명허가 판결을 내렸다. 전체적으로는 전 인구의 6%가량이 이름을 바꾼 것으로 알려졌다. 개명

신청의 이유로서 이름 때문에 놀림을 당하거나 성명학적으로 좋지 않다는 그리고 부르기가 불편하다거나 이름의 뜻이 애매 혹은 나쁘다는 점 등이 꼽힌다. 자신에 대한 자존감이 줄어든다는 치명적인 결과를 피하고 싶은 마음도 개명을 결심한 이유라고 한다.

"뭔 얘기를 해야 할까요?(What can you say about…)"로 시작하는 에릭 시걸의 소설 『러브스토리』에서 남자 주인공 올리버가 도서관에서 파트타임으로 근무하는 여주인공 제니를 만난다. 부자지만 분명 멍청할 거라는 제니의 비아냥에 올리버가 가난하며 똑똑한 학생이라고 맞받는다. 서로 실랑이하는 과정에서 '소셜 스터디즈(Social Studies)'라는 학과 이름이 나온다.

사회학(Sociology)과 완전히 별개인 이 과는 역사, 지리와 사회 3개 분야를 통합한 교육학의 새로운 지평이었다.

한국 전쟁 직후 이화여대 사범대학에서 '소셜 스터디' 학과를 도입하여 '사회생활학과'라는 명칭으로 개설하여 국내에 처음으로 알려졌다. 미팅하러 나간 이 과의 여학생이, 거기서 뭘 배우냐는 상대 남학생의 질문을 받고는 움찔 당황하고 한편 화가 났다. 얼떨결에 "사회생활을 잘하게 가르치는 과."라고 답했다. 학과명에서 갖게 된 이미지, 덜 학문답고 가볍다는 생각이 그렇게 튀어나왔을 것이다. '생활과학대'로 명칭을 바꾼 '가정대'야말로 그런 문제를 완벽히 해결한 본보기라 할 수 있다.

이와 비슷한 경우를 6년 전 방송대학에서 마주쳤다. 학생들 상당수가 '문화교양학과'라는 학과명에 대해 은근히 불만이었다.

"문화교양학과? 뭘 공부합니까?"

"일상생활에서 사회문화로, 신화에서 철학으로 그리고 예술에서 과학까지. 방대합니다."

알겠다는 건지 그냥 넘어가 주려는 건지, 상대방의 표정이 떨떠름하다. 이것저것 세상의 모든 것을 섭렵하는, 전문성 없는 학과라 여기는 듯했다.

불평의 결과는 자조적 냉소로 표출되었다. 그해 신입생 입학식이 끝나고 뒤풀이 자리에서 많은 학생이 비슷한 의견을 내놨다.

"뭘 배우냐고 주위에서 물으면 은근히 쪽ㅍㄹ."

"왜? 여러 인문학 분야를 다양하게 배우는 게 우리 과

아냐?"

"그럼. 동양과 서양, 아득한 고대로부터 최첨단 현대까지, 환경 역사 지리 예술에서 과학과 철학까지 광범위하게 다루는 학과잖아. 교양을 담기로는 이만한 과가 없지."

"에고, 부족한 교양을 쌓기 위해 지구 전체를 얄팍하게 탈탈 털고 다니다 졸업하는 과?"

사실 나도 살짝 불편했다. '교양'이라는, 그 고상한 단어가 불러일으킨 뜻밖의 재앙이었다. 이름이 어때서? 나이 먹어 좋은 것 배우면 됐지! 그런 식으로 에둘러 떠들긴 했다.

그때 알게 된 여학생 한 분이 최근에 손녀를 얻었다. 사위가 작명소에서 받았다는 몇 가지 이름을 식구들이 좋아하지 않는다고 조심스레 얘기한다. 성명학에서는 한자(漢字) 뜻, 획수와 사주 등을 종합적으로 고려하여 이름을 짓는다. 미신이 아니다. 아기가 창창하게 성장하기를 바라는 기복신앙(祈福信仰)의 일종이라고 보는 시각이 합리적이다. 출생신고 때 올라오는 이름 중 서준, 하은, 시우, 세아, 서연, 준서, 채원, 지우, 예은 등에서 작명의 경향을 알 수 있다. 뭔 뜻인지 글자만으로 쉽게 이해되고 부르기

편하다. MZ 세대의 취향을 그대로 보는 듯하다.

무려 10개 가까운 후보 이름 중에서 딸과 사위의 의견을 좇아 아기 이름을 세아(丗娥)로 정하고 출생신고도 마쳤다는 연락을 받았다. 어련히 알아 잘 골랐을까. 자식에게 좋은 이름을 주고 싶은 마음은 모든 부모가 똑같을 것이고 한편 의무이기도 하다. 세아, 그 예쁘고 고귀한 생명에게 한 마디 전할게. 혹여나 먼 훗날 너에게 힘든 일이 닥쳐도 이름 탓은 아니란다. 네 부모님은 너에게 그 좋은 이름 '세아'를 찾아주기 위해 최선을 다하셨어. 인생의 성공 여부는 처신 나름이고, 운이 따라주면 더 좋고, 본인 노력은 필수란다. 삶이 척박한 건 개개인의 팔자 탓이지, 세상 때문은 아니에요. 힘든 일이 생기더라도 굳세게 열심히 사시기 바랍니다.

다시 개명의 이유를 따져본다. 이름을 바꾼 이의 인생이 술술 풀린다는 과학적인 근거가 없음에도 불구하고 개명을 하겠다는 사람들 숫자는 해마다 늘어난다. 굴곡 없이 편안한 삶을 살아가는 사람이라면 이름 변경을 염두에 두지 않는다. 내 경험치로 봐서도 인간의 힘으로는 어쩌지 못하는 일이 세상살이 순간순간마다 끊임없이 나타난다. 그게 꼭 이름 탓이 아닌데도 새 이름을 갖게 되면 힘찬 운과 미래가 오리라는 기대치를 감추지 못한다. 미륵불의 '미래'나 예수의 '영생' 개념이 종교적 힘을 바탕에 깔고 수많은 인간의 피난처가 되어 수천 년 넘게 명맥을 이어왔듯 이름을 바꿔 보다 나은 내일을 맞을 거라는 희망지수는 생각보다 높다. 새 이름이 바람직한 방향으로 삶을 바꿔줄 거라는 희망, 그것만으로 개명 열풍은 이해할 만하다.

마른나무의 꿈

남한강 살얼음 풀린 지 오래
빼꼼 내민 정수리에 찬바람 맞은 개구리
기겁하여 땅속으로 다시 숨어들어도
남녘 어느 절간 홍매화는 진즉부터 환했다더라

구부정히 흐르는 복하천
방죽 길 양쪽으로
임금님 쌀 자라날 논 덩그러니 누워있고
나지막한 도드람산은 오늘도 석양을 삼킨다

차운 하늘 아래
줄지어 선 가로수들
겨우내 발가벗고서
초록 이파리 낼 때만 기다렸다지

2.
뜰 안의 우주

이른 새벽 뜰 앞으로 나섰다. 하룻밤 새 그들 간에 뭔 작당이 있었는지 꽃이 활짝 피었다. 뽀얀 향기가 황홀하다. 새벽부터 햇살 환한 뜰에 매화 향이 퍼지고 수십 마리는 넘을 꿀벌이 꽃송이마다 눌어붙어 분주하다. 꽃 피고 열흘 넘도록 땡볕만 쨍쨍했다. 그리고는 비. 때 되면 알아서 오시는 비, 누군가에게는 감사의 말을 전해야 할 텐데. 필요한 시간에 알아서 내리는 단비가 반가우면서도 걱정이다. 아직 자리 못 잡은 꽃잎이 빗방울 맞고 떨어지면 어쩌나.

치면 맞고 주면 마시고

현관문을 연다. 일주일 가까이 습한 더위가 이어졌다. 오늘도 37도를 웃돌 것이라 한다. 열흘 전과는 다른 날씨다. 한 발자국 떼자 느끼는 땡볕 더위의 강렬함, 살이 타겠다. 긴 겨울 지나며 논에 물이 차기 시작하고 밭에는 퇴비를 뿌려 이제는 봄이구나 느끼던 4월. 두 달여 지나 농부들은 모를 내고 씨앗을 뿌렸다. 동네 널따란 논밭이 어느 틈엔가 푸르게 변했다. 한 주만 지나면 입추라는데 요놈의 불볕더위는 대체 꺾일 기미가 없다. 그래도 어영부영 계절은 여름에서 가을로 내달릴 것이다.

그때는 어딜 가나 흔해 빠진 장미가 더는 반갑지 않던 7월 초였다. 도로의 경계와 맞닿은 높은 건물이 견고한 요새가 되어 선뜻 다가서기 쉽지 않았다. 출입문은 정반대였다. 내 어깨높이의 철문 뒤로 아담하게 펼쳐진 오르막길이 구불구불 정겹다. 이 넓은 정원의 주인 내외를 만난 때가 일 년 전. 오늘도 어쩌다 마주치면 가볍게 눈인사나 나눌 것이다. 문은 열려있었고 올라가다 보니 한쪽 건물 지붕 밑에 현판이 걸려있다. 부악문원(負岳文院)!

 두 뼘 안 되는 높이의 연보라 고운 물결이 소나무 밑을 촘촘히 메웠다. 가늘고 기다랗게 뻗은 초록빛 잎사귀가 난(蘭)을 닮았다. 색깔이나 모양으로 보면 촌스럽기 짝이 없건만 왠지 귀티가 난다. 어설퍼 보여도 귀한 존재가 종종 있기는 하다. 둔덕 형태를 최대한 살린 넉넉한 터에 꽃과 나무, 새들만 살 리 없는데 손님 올 때마다 으레 밥값 한답시고 하릴없이 짖어대는 똥개조차 보이지 않는다. 조용하다. 그래서였을까, 먼발치 발걸음이 크게 들렸다.

 "저기요, 어째 오셨습니까?"

 "아, 사모님, 오랜만입니다. 깃봉에 일자로 줄줄이 매달린 이 보라색 꽃이 뭐죠?"

 지난번 만남을 그녀는 기억해냈다. 내 머리칼이 워낙 허예서였겠지. 염색 안 한다는 것이 때로는 장점이기도

하다. 기대하지 않았던 대가와의 두 번째 만남은 그렇게 이뤄졌다. 거실 탁자에서 부부 내외가 오손도손 차 마시는 자리, 조금은 쑥스러운 꼽사리로.

"갸아들 참 신기하대예. 보리 맥(麥)에 문 문(門), 겨울 동(冬) 자를 쓰는데 뿌리가 강해요. 겨우내 살아있심다. 햇빛에 직접 노출되면 오래 몬 살더라꼬. 그늘을 되게 좋아합디다. 그래 그런가, 마당에서 보신 대로 소나무 아래 빛이 덜 닿는 곳에서 주로 생활하는기라. 한 달쯤 더 지나면 애들이 자주색 꽃을 활짝 피우면서 진보라 열매를 냅니다. 나중에는 까마중맹키로 시꺼매지대."

우울하거나 고귀하거나, 품위 있거나 저속하거나, 가끔은 냉소적이거나 정열적인 양극단의 속성을 동시에 갖는 색깔이 '보라'다. 사람으로 친다면, 보라색 기질을 가진 사람의 감정이나 본심을 파악하기 쉽지 않다는 말이다. 너른 정원에 이 꽃을 많이 심은 이유가 특별히 있느냐 여쭸더니 단호히 고개를 가로젓는다. 맥문동과 노작가의 취향, 아무 관계가 없다니까 괜히 나 홀로 들떴나 싶어 무안하

다. 나무위키를 뒤진다. 억지춘향격으로 뭐라도 꿰맞춰 보는 중이다. 어쩌면 이거였을지도, 빛의 3원색에서 '보라는 광학(光學)적으로 파랑에 눌린 빨강'!

부악(負岳)의 악(岳)이 뭔지도 궁금했다. 미래의 글쟁이인지, 과거나 현재의 고통스러운 짐을 의미하는지 돌려 물었으나 일그러진 영웅을 만들어낸 소설가는 자기의 입장을 드러내지 않는다. 오래전의 필화(筆禍) 사건에 대해서도 그는 말을 아꼈다. 당신한테는 별것 아니건만 상대가 이 말 저 말 만들어 난리를 치더라며 헛웃음을 켠 것이 전부였다. 하긴 예나 지금이나 정치판은 똑같다. 정석보다는 선동, 세몰이, 수단 방법 가리지 않고 상대방 끌어내리기 등.

방금 내렸다면서 안주인께서 커피를 내오신다. 반쯤 남은 남편의 커피잔을 들여다보더니 그보다는 새것이 좋겠다며 잔을 통째로 바꾼다. 주방으로 향하는 아내를 흘깃 돌아본 남편이 한 마디, "그기이 그기 아이가. 난 나 꽤안튼데." 낯말은 사모님이 듣는다. "뭐 그기 그기요? 좋타카이 바꾸라지." 한 방 맞은 바깥양반이 뒤를 살피며 속삭인다. "때리면 맞고 주는 대로 마시고. 하모, 하모." 엉? 커피야 마신다 치지만 때리면 맞고는? 오래전 일일 게다. 이제야 속 편히 터는 거지, 세월이 늘 약은 아닌걸. 아픈 기억 도려내기가 어디 그리 쉽던가.

그날 보라와 부악, 필화, 금방 내린 커피 등 얼핏 의미 없어 뵈는 말과 "때리면, 주면"까지 여러 잡생각이 과자 부스러기 씹듯 커피 한 모금 넘기듯 맥문동 한적한 정원 속으로 알알이 흩어졌다. 이 집 주인장께서는 할 얘기를 하셨는데 어리숙한 내가 못 알아먹었는지도 모른다. 그의 말 중 한 가지는 '살면서 급했고 흔했으며 통속적이었다.'는, 그리하여 '제대로 하지 못한 여러 가지에 대해 미안했다.'는 겸손함이었다. 게다가 한때는 세상 최고의 가치라 믿어 의심치 않았던 그놈의 '사랑'마저도 한순간 심드렁하더라는 노작가의 토로가 내내 머릿속을 맴돌았다.

말을 아꼈을 뿐 그의 가슴 깊은 구석엔 활화산처럼 솟구치는 말의 잔해가 공동묘지 무덤 위 흩어진 잎새처럼 어지럽게 널렸을지도 모른다. 사랑이 심드렁해져서였을까, 짧은 시간 일 년, 그 틈에 이 나라의 대통령이 바뀌었다. 그래서 환호했거나 무기력했을 수많은 나나 우리, 대충 절반은 '제대로 하지 못해 미안한' 부류로 전락했을 테다.

이 또한 '환호'와 '무기력'마저 습관인 듯 까맣게 잊어버리는 '혼함'과 '통속'의 연장선인가 싶어 괜스레 뜨끔하다. 나는?

제아무리 날씨가 추워도, 눈발이 거세고 북서풍이 몰아쳐도 봄은 늘 왔다. 망종(芒種) 지나 하지(夏至)가 지척, 강한 호우를 동반한 올해 첫 태풍도 때가 되면 누그러질 것이다. 그리고는 가을. 아침마다 매일 찾아오는 하루하루가 이 세상 끝이라는 각오로 담담히 대할 수 있다면 좋으련만. 겨드랑 밑이 끈적하다. 요놈의 후덥지근함은 언제나 끝날까 답답하던 중 한 해 전 맥문동 뜰의 주인장이 탁자 건너 내 앞으로 얼굴 숙이며 조용조용히 꺼냈던 얘기가 불쑥 튀어 오른다. "난 다 괜않튼데. 치면 맞고, 주면 마시고."

설거지

늦은 저녁 부엌으로 들어선다. 빈 그릇 가득한 싱크대 앞에서 한숨이 난다. 푸짐한 점심은 아니었잖아! 동문 체육대회 때 받은 메밀면을 냉동실 여유 공간 확보 차원에서 처치하고 어제 남긴 불고기 몇 점 데운 게 전부인데 속된 말로 열받는다. 아내가 딱하다는 듯 입을 연다. 오늘 아침엔 바쁘다며 설거지를 안 했지. 결명자차는 하늘에서 떨어지나요? 호박죽을 먹자고 징징댄 사람은 누구더라! 그래도 불만이다. 통장 잔액이 저만큼이라면 모를까.

영화 〈인턴〉에서 그랬듯 필요하다면 남자도 가사와 육아를 담당하는 시대다. 아침 식사와 설거지를 맡겠다는 내 결심은 시대의 흐름을 무시하기 버거워 선택한 나 자신과의 타협인지도 모른다. 어둠 내리는 뒤뜰에서 야윈

나뭇가지 새로 하얀 점 몇 개가 센 바람에 실려 나비처럼 팔랑댄다. 저녁때 시작된 비가 밤새 내리리라던 일기예보, 빗물에 섞여 스스로 삭아버릴 뒤뜰 살구꽃처럼 설거지도 그러면 어디 덧나!

상견례장에서 전기밥솥을 선물하겠다는 신랑 측 어른이 예비 조카며느리와 인사를 나누다 입을 다물었다.
"고모님, 우리는 그거 필요 없는데요. 고맙지만 사양하겠습니다."
"왜? 이거 최신형 비싼 거야. 밥은 해 먹어야지!"
"햇반 있잖아요. 그거 질리면 오곡밥 김밥 쌀밥, 간단 앱 주문으로 배달까지 되고."
뭐래! 그러면서 스치는 생각, 설거짓거리 줄어 편하긴 하겠네.
그러나 햇반은 시작에 불과했다. 시집갈 딸을 둔 친구를 만나 전기밥솥 사건을 얘기하면서 툭툭 털는 요즘 세태를 꼬집고 싶었던 나의 건방은 그의 긴 탄식 속에 묻혀 쏙 들어갔다.
"그 정도면 양반이야! 우리 딸년은, 아휴~. 사위 될 놈

설거지 69

까지 소갈머리 없이 덩달아."

왜 집에서 밥을 먹느냐, 전기세 아끼고, 물값 줄이고, 힘 덜 들이고. 밥집 찻집 죽집이 널린 세상, 문명의 이기(利器)와 시스템을 활용하라는 신세대의 주장은 내게도 적잖이 충격이었다.

허우대만 멀쩡했지 체력 부실한 아내 대신 그릇 닦는 일쯤 쾌히 도와주리라 호기롭게 나선 시점이 7~8년 전, 미군 부대 주방 경력 몇 개월이 믿는 구석이었다. 내친김에 덤볐다. 내가 익숙한 서양식으로 아침밥을 직접 준비하리라. 이 기회에 새벽잠 많은 아내한테 점수나 따자. 아침형 인간인 나로서는 점심 지나 느슨해지는 오후 시간을 보완하기 위해 오전 시간을 좀 더 효과적으로 이용하겠다는 계산도 들어있었다.

옛날이든 현재든 설거지는 대체로 여성들의 업무였다. 삶이 질이나 인간다움 등의 호사는 둘째치고 당일 먹거리 구하느라 바빴을 것이다. 주거지 근처 과실과 곡물 채취 작업은 연약한 여성도 가능했겠으나 먼 거리 야생에서의 동물 사냥은 체력적인 면에서 남성 몫이라는 가설이 훨씬 타당하다. 그리하여 섬세한 손길이 필요한 육아나 집안 관리는 여성의 의무이자 책임인 양 확실히 굳어졌을 테고.

아버지 생전 5대 종가였던 우리 집은 연중 제사가 끊이지 않았다. 엄마 젊을 때 푸념처럼 늘어놓던 '그때는~~~.'을 소환하지 않더라도, 한 해 스무 번 이상이었다. 동네 사람들이 제사 하루 전부터 할아버지 댁에 모여 제사 준비를 시작했다. 온종일 누군가는 집구석 어딘가에서 음식을 먹었고 부엌에선 상을 차려댔으며 한쪽에서는 잔반(殘飯)과 빈 그릇 처리에 분주했다. 밥상 앞에서 음식 투정하는 행태를 괘씸하게 보는 나의 인식은 그때부터 생겼다.

조금만 시각을 달리하면, 편리한 이 세상, 하루 두세 번씩 달갑잖은 설거지로 고생을 굳이 해야 하는지 의문도 든다. 상을 치운 지 언제라고 밥때는 무심하게 다가온다. 다시 쌓여가는 빈 그릇과 음식 찌꺼기, 뭣보다 제아무리 열심히 치운들 생색이 나지 않는다. 일하는 수고를 알아주기는커녕 당연하다고 여긴다. 3대 때로는 4대까지의 대가족이 모여 살던 시절에 대를 이어 며느리들이 육체적 정신적으로 얼마나 피곤했을지 안 봐도 알겠다.

설거짓거리 없는 세상을 떠올린다. 아무리 쥐어짜봤자 안 먹는 것 외엔 답이 없다. 치우는 작업의 최소화 방법으로 얄팍하나마 햇반이 일시적인 대안은 되겠다. 일회용 식기와 포장지만 처리하면 그만이다. 김장도 필요 없고 전화기 자판만 꾹 누르면 배달되는 시대, 아랫세대의 선택이 어쩌면 지금껏 우리가 해온 방식보다 나을 수 있다. 그게 마뜩잖은 나, 인정하든 말든 고루한 구닥다리 '꼰대'라는 부류로 나도 이미 들어섰다는 증거일까.

문화의 본질 중 하나는 사회 구성원의 세상에 대한 시각과 취향을 가감 없이 반영한다는 점이다. '옳다, 그르다'거나 '좋다, 나쁘다'는 이분법으로 규정하기 참 어렵다. 흘러가는 대로 인정할 수밖에 없는 어떤 것이다. '밥 말고 햇반'이라 하는 관점을 철딱서니 없는 예비신부의 단순함이라 평가절하했으나 이를 사정없이 까부수는 한 방, '식사를 꼭 집에서 해야 하나요? 밖에서 먹는 게 어때서. 설거지도 필요 없고.' 찬성은 아닌데 논리적인 반박이 쉽지 않다.

외식 안 비싸, 햇반도 이젠 냄새 안 나. 뭔 소리냐 깔

아뭏개다 그 주장이 신세대 편의주의 방식의 헛소리만일지 돌아본다. 사실이라면, 오랜 습관에서 비롯된, 가공식품보다 직접 만든 음식이 건강상 좋다는 그리고 외식이 집밥보다 비싸다는 관념을 어쩌면 버려야 할 날이 금방 올지도 모른다. 그러나 쌀밥 대신 햇반을, 그것도 모자라 세 끼를 아예 밖에서? 어스름 새벽 싱크대 옆 창밖의 과실수를 바라보면서 쓰잘머리 없게 고민이 깊어간다. 얼마 전까지만 해도 고운 꽃잎 범벅이던 잔가지에 다닥다닥 얼굴 내민 살구 숫자만큼이나.

애련정

 현재는 도시 한복판이지만 500여 년 전에는 밋밋한 벌판이었을 곳이다. 주변 아파트 숲에 둘러싸인 사각형 연못 안홍지, 그 북쪽 한구석에 기와지붕 정자가 남쪽을 향해 자리한 연못을 바라보며 덩그러니 앉아있다. 정자 내부 지붕 밑에 한시(漢詩) 액자 열댓 개가 촘촘히 걸렸다. 각 연(聯)마다 일곱 글자, 여덟 줄짜리 칠언 율시(七言律詩) 앞에서 눈을 멈춘다. 글 말미의 사가정서거정(四佳亭徐居正) 여섯 글자가 작가의 이름이다. 첫 문장으로부터 그가 내던지는 질문이 강렬하다. 염계 선생(濂翁)의 뒤를 이어 여기 애련정(愛蓮亭)에서 애련(愛蓮)을 논하는 자 그 누구냐고 (誰續濂翁說愛蓮).

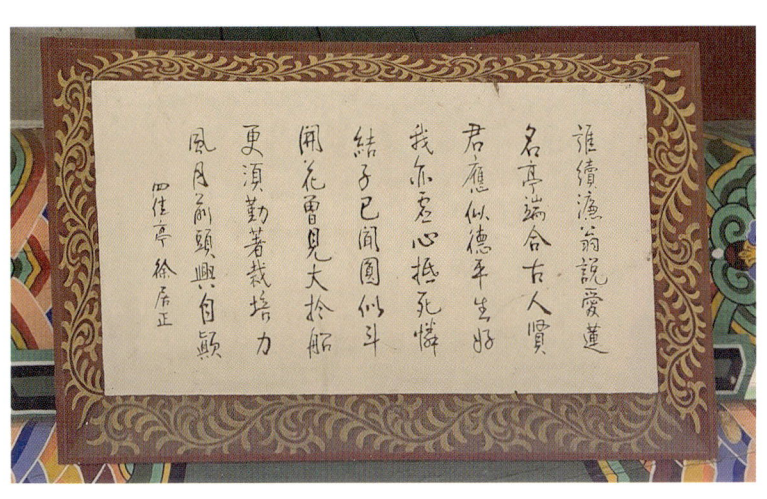

誰續漁翁說愛蓮
名亭端合古人賢
君應似德平生好
我尔君心抵死憐
結子已聞圓似斗
開花曾見大於船
更須勤著栽培力
風月前頭興自顚
　四佳亭 徐居正

이황과 이이로 대표되는 조선 성리학의 창시자가 중국 북송의 유학자 염계다. 우리에게는 주돈이나 주자라는 이름으로 더 익숙한 인물이며 "흙탕 속에 피면서 더럽지 않고 맑은 물에 몸을 씻었으나 요염하지 않으며, … 의젓하게 서 있어 먼 곳에서만 바라볼 뿐 느긋한 감상이 어렵다."는 점 등을 연꽃의 미덕이라 읊은 분이다. 이를 인용하여 "(가까이 두고 싶은) 욕심을 버리고 끝까지 어여삐 여기리"라는 넷째 구절 연꽃 찬양자는 다름 아닌 서거정 본인이다.

한반도의 고대사를 망라한 『동국통감(東國通鑑)』, 조선 시대의 지리지인 『동국여지승람(東國輿地勝覽)』과 『동문선(東文選)』 등이 그의 손을 거쳐 완성되었다. 홍문관, 예문관 두 기관의 수장을 겸하면서 스무 해 넘게 문형(文衡) 칭호를 받은 글의 달인이었다. 서거정이 몇 년에 뭔 이유로 이천까지 내려와 애련정 한 귀퉁이에 이 시를 남겼는지, 문헌상 기록은 찾지 못했으나 여주 세종 묘를 찾았던 후대 왕 누군가의 행렬을 따라나선 어느 때, 그중에서도 서거정의 임종 전 시점인 예종이나 성종 때로 추정하면 대체로 무리가 없을 듯싶다.

호(號)를 사가정(四佳亭)이라 붙인 이유가 궁금해졌다. 그의 개인 문집인 『사가집(四佳集)』에 설명이 될 만한 얘기가 나온다. '아름다운 네 가지'는 서거정 선생이 늘 가까이 두고 즐겼던 네 가지 식물이었다. 매죽당연(梅竹棠蓮)을 일컫는다. 매화, 대나무, 해당화와 연꽃. 용마산에 생전 그가 자주 머물던 정자가 있었는데 그 이름이 서거정 선생의 호인 사가정이었다. 용마산 언저리에 최근 가꿔놓은 놀이터 이름이 '사가정공원'이다. 전철 7호선의 사가정역도 서거정의 호에서 따온 것임을 미뤄 알 수 있다.

임금이 계신 창덕궁에서 남한산성 행궁까지, 다시 행궁에서 이천 그리고 이천에서 여주의 영릉(英陵)까지 밟아간 길에 따라 약간 차이는 날망정 그 거리는 대략 20km 전후이다. 『조선왕조실록』과 『승정원일기』에 따르면, 세종 이후 왕위에 오른 임금들이 선대왕 세종의 묘를 찾아가면서 행렬을 멈춰 휴식을 취하는 장소로써 너른 분지 이천은 적합했다. 근처 온천과 쌀밥이 나라님 일행을 대접하는 지역 상품으로 차근차근 자리매김했을 것이다.

황금 나라에 오면 금도 그저 돌일 뿐, 나들이 나온 이천문화 지킴이 일행은 자랑스러운(?) 임금님의 식사 이천 쌀밥 대신 맞춰온 김밥과 생수 한 병으로 가볍게 점심을 때운다. 브랜드의 명성 대비 빈약하다는 혹평을 가끔 들으면서도 외부인들에게 인구 23만의 도시 이천을 가장 잘 드러내는 이미지로는 쌀밥보다 더한 것이 없다. 타 도시의 흔하디흔한 한정식과 비교하면 사람들이 쌀밥 관련 평판으로 이곳을 최고로 꼽는데 인색하지 않다. 애련정 뒤 좁은 차도를 건넌다. 낮은 능선 꼭대기 한적한 공원에 만들어둔 족욕장으로 올라간다.

칠팔십 미터 깊이의 습기 많은 굴 속에서 두꺼운 고무장화를 신고 온종일 일하다 돌아오신 아버지의 발목 아랫부분은 쭈글쭈글 불어 있었다. 따듯한 물을 채운 대야에 두 발을 담그고 양손으로 발바닥과 발목을 문지르며 얼굴 가득 환하게 미소를 지으시던 50여 년 전 아버지 모습을 이곳에서 본다. 그 당시의 아버지 나이보다 훨씬 더 많은 둘째 아들과 발가락 아프게 발품을 팔아가며 이 소도시의 문화 흔적을 탐방하고 있는 '이문지' 친구들로부터.

열댓 평 남짓 야외 족욕장에 서른 명 훨씬 넘는 중장년들이 두 발을 따듯한 물에 담그고 느긋하게 얘기를 나눈다. 한가롭다. 일을 마치고 돌아와 뜨끈한 물속에 발을 담갔던 아버지의 기분이 그랬을 것 같다. 저만치 언덕 아래 안홍지의 연꽃, 애련정의 그윽한 분위기 못지않게 두 발을 감싸주는 아늑함으로 빠져든다. "風月前頭興自顚, 맑은 바람 밝은 달 앞에 흥이 절로 오른다."로 마무리된 서거정의 시에서 달(月)을 해(日)로 바꿔본다. '바람 맑고 햇살 밝아 기분 좋은 날!'

주인을 찾습니다

 초대하지 않은 불청객이 서울 근교 소도시 나 사는 농가 주택에 소리소문없이 나타났다. 미 대륙을 침범한 영국 청교도 무리가 토착민인 인디언에게 그랬듯 한낱 객에 불과한 그들이 이 땅의 법적 주인인 나를 무차별 공격했다. 윙윙거리며 덤벼드는 그들을 쫓아내느라고 두 손 두 발 허우적거리던 다급한 상황에서도 번뜩 들던 생각, 내가 원주민이야 침략자야!
 웬만하면 남과의 분쟁을 피하고픈 나이, 그 불한당한테 시비 건 적 없는데 어디서 왔는지 왜 덤비는지 짐작도 전에 셔츠와 바지 속까지 들어와 마구 찌른다. 밤새 내려 앞마당 곳곳에 고인 빗물이 신발 뒤축을 흠뻑 적셨다. 물을 털어내려고 두 발을 땅바닥에 쿵쿵 굴렀던 것이 실수라면 실수였다. 말벌을 떨어내려고 몸부림치는 장면을 누군가 봤다면 멀쩡한 대낮에 술 취해 뭔 짓이냐 오해했을 것이다. 예닐곱 살 적 오랜 기억이 떠올랐다. 겁먹은 얼굴로 동네 앞산 무덤 머리를 어슬렁대던 고만고만한 꼬마들.

그땐 잘못 건드렸다. 땅 구멍에서 분수처럼 솟아오른 고깔 모양의 회오리가 삽시간에 머리 꼭대기를 빙빙 맴돌았다. 수많은 날갯짓이 만든 묵직한 소리와 함께 시커먼 벌떼가 하늘 위 쌕쌕이처럼 우리를 향해 달려들었다. 꼬맹이들은 되도록 멀리 도망가 납작 엎드렸고, 그중 몇몇은 진즉에 바닥에서 나뒹굴며 비명을 질렀다. 삶의 기반인 제집을 사정없이 파헤치는 동네 조무래기들을 땅벌이 가만 놔둘 리 없었다.

오늘도 그때와 별반 다르지 않았다. 싸한 기운을 느껴 뒤돌아본 내 얼굴 위로 얼핏 수십 마리 이상일 듯한 말벌이 떼거리로 덤벼들었다. 얼굴, 목, 팔다리에 들러붙은 그들을 손으로 털어내는 동안 셔츠와 바지 속으로 침입한 놈들이 내 속살을 무자비하게 찔렀다. 2~3분 짧은 시간이 그렇게 길 수 없었다. 모기나 벌레에 물린 상처와는 비할 바 아니게 따갑고 아팠으나 어릴 적 오지게 겪었던 덕에 면역력이라도 생겼는지 그냥저냥 견딜 만했다.

병원으로 실려 가지 않았느냐며 남들이 먼저 호들갑이다. 엉덩이와 등, 허벅지와 목까지 빨갛게 부어올라 간지럽고 따갑다. 얼핏 봐도 수십 군데 상처, 모르는 게 약이랬지, 보고 나니 통증까지 몰려온다. 벅벅 긁으면서 화가 치민다. 가만두지 않을 것이다. 일찍 집에 돌아왔다. 마당 한가운데 차를 세우고는 운전석에 앉아 곳곳을 살핀다. 당한 만큼 돌려주려면 요것들이 주인 몰래 진을 친 곳부터 알아내야 했다.

돌아보면 내 집 어딘가에 자기들 보금자리를 지으려는 그들의 시도는 해마다 반복된 연례행사였다. 현관 서까래나 처마 밑, 계량기 옆 틈새, 심지어는 옆 벽을 덮은 목재와 목재 틈의 벌어진 공간 깊숙한 곳에 집을 짓는다. 에프킬라와 망사잠자리채 그리고 몽둥이까지 동원하여 완성되기 전의 벌집을 계속 까부쉈다. 꿀벌이라면 모를까, 나에게 그들은 생김새나 느낌부터 낯설기 짝이 없고 괘씸하게 침이나 쏴대는 못된 놈들이었으니.

말벌이 갑자기 이곳에 침입한 것인지 아니면 오래전부

터 자유로이 드나들었는지는 아는 바 없다. 여기 사람이 살지 않던 시절엔 생명체의 영역 간 이동이 웬만큼 자유로웠을 것, 그들은 어느 날 불쑥 이곳에 살기 시작한 나를 이방인 취급하겠지만 그들이야말로 남의 땅에다 자기 공간을 만드는 상황이니 어이없는 쪽은 되레 나다. 본능에 충실한 자연 속 미물(微物)과 소유 개념에 익숙한 영장류 인간, 두 무리가 조화를 이뤄 공존하기란 정말이지 쉽지 않다.

안방 창 바깥의 목재 데크가 진원지였다. 나무 기둥 밑 빗물이 닿지 못할 장소, 지름 사십 센티 크기의 벌집을 찾았다. 하필 차를 세우는 장소 바로 앞이라 꺼림칙하다. 벌집과 최대한 떨어진 곳에 주차하고 내려서자 반갑잖은 손님 서넛이 슬슬 공중을 맴돈다. 척후병들. 얌전히 현관문을 열고 후딱 집 안으로 들어갔다. 뭔 경우가 이러냐. 내가 왜 도망을 다녀야 해!

마당에서의 동선이 불편해졌다. 저들 신경을 거슬리면 또 물릴까 겁나 마당 끝 먼 곳으로 벌집을 피해 빙빙 둘러 다닌다. 집주인 짜증 낼라 발걸음 소리마저 죽여야 했던 아버지 생전 셋방 시절이 떠올랐다. 보일러 기름 배달온 사장님이 119에다 신고하라 알려준다. No! 내가 할 거. 완전무장하고 에프킬라 뿌려 전멸시킨 후 비닐봉지를 덮어 통째로 떼어내려던 계획은 생각만 야무졌다. 솔직히 말하면 무서웠다. 어영부영 거사를 미루는 사이 계절이 바뀌었다.

모기 입이 비뚤어져 더는 사람을 물지 못한다는 날 처서(處暑), 말벌들의 움직임이 부쩍 둔해졌다. 마당으로 들어서기만 하면 날아오르던 감시병이 안 보이고, 곁눈질로만 봐온 벌집 위에서 꿈틀대던 황갈색 무리도 잠잠했다. 조심조심 다가갔다. 그새 뭔 일이 벌어졌을까, 열흘 남짓 짧은 기간이 지났을 뿐인데 벌집이 텅텅 비었다. 집단 참사든 이주든 이유가 궁금했다. 갑작스럽게 추워진 날씨나 환경 오염? 그들의 보금자리를 깨부수겠다는 내 속을 눈치채서?

복수를 꿈꾼 나만 난감해졌다. 진즉부터 이곳을 드나든 그들과 혀 등기부상의 소유인인 나, 누가 쥔이고 객인지 헷갈리기 시작했다. 남북전쟁이 끝나고 보호구역 내에서 반(半) 구금 상태로 살아온 인디언의 황당함이 그랬을까. 그때는, 이주민 청교도의 정치 경제적 욕망이 원 토착민을

주인을 찾습니다

몰아냈었다. 이젠 내가 쫓아낸 적 없는 말벌이 알 수 없는 이유로 홀연히 사라졌다. 떠났든 전멸이든 그게 뭔 대수일까만 껍질만 덜렁 남은 벌집을 차마 치우지 못한다. 뭔가 켕기고 이유도 모르는데 미안하다. 그냥 놔두고 오갈 때마다 물끄러미 바라본다.

뜰 안의 우주(宇宙)

　　모진 추위도 눈발도 드문 겨울이 몇 년째 계속되고 있다. 그렇더라도 땅속에 묻혀 대여섯 달을 버틴 잡풀들이, 웬만큼 질긴 생명력이 아니었다면 꾸역꾸역 대가리를 쳐들고 흙을 밀쳐내며 세상 밖으로 나오기 쉽지 않았을 테다. 풀뿐이었나, 어설프게 주워 담은 지식으로 지난 늦가을 뒷밭에 엉성하게 찔러둔 양파와 마늘도 초록색 날렵한 줄기를 올려보냈다. 원래 기름지지 못한 땅에 퇴비와 물 말고는 거름도 비료도 준 게 없으니 새싹을 낸 것만으로도 충분히 감사할 일이다. 농사일의 기본이라 할 풀 뽑기마저 팽개친 나의 게으름, 이를 묻어가게 만든 이 친구들이 고맙다. 인간이 자연을 따라잡을 수 없다는 점, 또 한 번 깨닫는다.

생전 본 적 없는 지진이 뒷마당에 일었다. 콩나물 모양의 연한 새싹이 뭉치를 지어 흙을 뚫고 올라왔다. 지난가을 땅속에 남아 누워있던 땅콩과 채소 씨가 싹을 낸 것이다. 한쪽에는 주인 허락 없이 곁에 슬쩍 자리 잡은 잡풀과 야생화들이 한꺼번에 밝은 세상으로 튀어나왔다. 땅바닥이 쩍쩍 갈라졌다. 봄이 오고 있다. 땅의 여신을 존중하는 차원에서라도 초보 농사꾼이 할 수 있는 범위 내에서 이들을 가꿔보리라 다짐한다.

열댓 가지 쌈 모종을 심고서 일주일이 지났다. 이름조차 모르는 그들, 식당 쌈밥 정식의 푸짐함을 욕심내어 닥치는 대로 집어왔다. 질리도록 먹어도 남아돌 만큼 그러나 필요하다는 사람에게 넉넉히 주겠다는, 오는 사람 누구나 따가라는 마음으로 퇴비 듬뿍, 표면이 완전히 흥건해지도록 물도 넉넉히 뿌렸다. 이틀 후엔 때맞춘 비까지 이틀 내내 오셨으니 가는 뿌리를 내리기엔 충분할 것이다. 그런데 비 갠 후의 쌈 채소는 뭔가 단단히 잘못되었다. 축 늘어진 애들이 많고 빛깔도 푸석한 것이, 사람으로 치면 몸살을 앓는 모양이었다. 이장한테 물었다.

비닐하우스에서 편하게 싹을 냈던 그들에게 바깥세상

맨땅은 고난의 장소였다. 사람이나 식물이나 똑같은 생명, 견디면 되겠지만 약도 주사도 줄 수 없어 당황했다. 마당의 지하수를 끌어다 물을 뿌렸다. 해줄 게 그뿐이라 염치없고 계면쩍다. 물이나마 발치 아래 밤새워 그득 품었다가 무더운 낮에 조금씩 당겨쓰라 알려준다. 일교차 심한 날씨가 걱정은 되지만, 참아라, 견뎌라. 벌떡 일어설 날 꼭 있으리니.

이른 새벽 뜰 앞으로 나섰다. 하룻밤 새 그들 간에 뭔 작당이 있었는지 꽃이 활짝 피었다. 뽀얀 향기가 황홀하다. 새벽부터 햇살 환한 뜰에 매화 향이 퍼지고 수십 마리는 넘을 꿀벌이 꽃송이마다 눌어붙어 분주하다. 꽃 피고 열흘 넘도록 땡볕만 쨍쨍했다. 그리고는 비. 때 되면 알아서 오시는 비, 누군가에게는 감사의 말을 전해야 할 텐데. 필요한 시간에 알아서 내리는 단비가 반가우면서도 걱정이다. 아직 자리 못 잡은 꽃잎이 빗방울 맞고 떨어지면 어쩌나.

나쁜 예감은 틀리지 않는다. 바람에 날린 꽃잎이 지난 겨울 흰 눈처럼 바닥을 덮었다. 박한 목숨 위에 바람 잔뜩 품은 비가 꼬박 사흘간 내렸다. 질척거리는 봄비가 뭔 잘못일까만 까닭 없이 밉다. 그리고 삼사일, 꽃잎 떨어낸 꽃받침이 아기 엉덩이처럼 탐스러운 매실을 까냈다. 비 내리고 꽃 떨어질 줄 벌들이 알아챘든, 열매 맺을 매실나무의 절박함이 벌을 불러들였든, 그것도 아니면 세상 돌아가는 이치였든, 말 못 하는 생명이 어쨌든 아름답다.

매화뿐만이 아니었다. 비리비리 자두나무 옆 굵은 살구나무도 연분홍 꽃잎 몇 개를 보란 듯이 내놨다. 초록에서 연노랑, 다시 엷은 주황으로 색깔 바꾸며 담아갈 시큼함을 떠올린다. 벌레에 취약한 자두와 사과는 열매를 기대하지 않는다. 꽃이나 피우면 그걸로 족하다. 약을 쳐도 괜찮다는 핀잔 섞인 마을 농사꾼들의 충고는 들을 만큼 들었다. 똥고집을 부리자는 것 아니다. 이 작은 텃밭에까지 농약과 비료를 뿌리다니! 오늘도 그리고 앞으로도 그럴 일 없다.

이삼 년 전 초겨울이었다. 옆집 뒷집과 경계를 이룬 모퉁이 밭에서 돼지감자가 파죽지세로 세를 넓혀갔다. 상대적으로 풀조차 성히 자라지 못하는 현관 쪽 사과나무 뒤에 한 주먹쯤 휘휘 묻어둔 것인데, 새 둥지에 씨감자 몇

개로 시작한 돼지감자의 생명력은 놀라웠다. 과실수보다 높이 빽빽하게 자랐다. 다른 식물의 존재를 위협할 정도다. 막을 장사가 없다. 사정없이 베어버려야 할지 두고 보며 고민해야겠다.

인간사회에서 독불장군이 언제 어떤 식이든 제재를 받는 것처럼 인간과 다른 식물 세계의 질서나 공존은 어떤 식으로 이뤄지는지 궁금하다. 한편으로 자괴감도 커진다. 누군가가 나를 통제하는 것이 싫다면서, 내가 누군가를 혹은 뭔가를 제약하고 관리한다는 게 과연 타당한지. 그리고 나의 얕은 지식과 엉성한 통찰력으로 파악하기엔 턱없이 부족한 지구 저 너머 광대한 우주, 그전에 시도 때도 없이 터져 나오는 잡다한 세상사, 조금 더 축소한다면 내가 사는 곳 100평 채 되지 않는 텃밭 생물이 사계절을 나는 법 등, 무엇 하나 올바른 답 없이 허구한 날 생각만 무성하다. 뜰 안에 숨어있을 심오한 우주를 어느 세월에 깨우칠지 고민이다.

아기 배달부

언제부터였나. 폭 400여 미터 너른 들판 건너 이웃 마을 60대 초반 이장 목소리가 이틀에 한 번쯤 창문을 두드린다. 육십 대는 아직 청년이라는데 마을 행사나 상급 행정기관의 공지를 나르는 확성기 속 늘어진 음성이 어눌하다. 먼 거리 날아오면서 흐트러진 소리가 맑지 않으나 끝부분 "~~~씀다."나 "바람돠!" 발음은 확실히 들린다. 방송 듣기는 거북하다면서 듣지 못한 앞부분 내용이 가끔 궁금하다. 이장 만날 일도 생겼겠다, 찾아가야지.

1970년대 합계출산율 4.0이던 대한민국은 2023년 3분기 평균 0.60대까지 떨어져 감소율 세계 1위 자리를 굳건히 다졌다. 인구 감소의 심각성에 대한 범사회적 공감대 형성이라든가 실질적 인구증가 정책 제고 등의 구호는 그저 공허하다. 청년 대부분은 결혼과 2세 관련 언급 자체를 반기지 않는다. 아이 낳고 키울 사회적 여건이 턱없이 부족하다든가 자신만의 인생을 살겠다는 그들의 실용적 주장을 호통칠 객기도, 응원할 아량도 아직은 모자라다. 출산율 저하 요인이라는 것이 경제적 이유, 교육이나 육아 등 단순한 논리로 정의할 수 없기 때문이다.

러시아는 우크라이나와의 오랜 전쟁으로 국면 전환 겸 팽배한 국민의 불만을 누그러뜨리고 현 인구 숫자 유지 내지는 증가가 필요했다. 대통령 푸틴이 점심시간에 직장에서 섹스하라는 황당한 발표문으로 세상을 놀라게 한다. 내밀하고 성스러워야 하는 부부의 잠자리를 정부가 이래라저래라 언급하는 자체가 기막히다. 얼마나 다급했는지 짐작하고도 남겠다.

총인구수는 동서고금(東西古今)을 막론하고 한 국가나 민족의 부침(浮沈)을 점쳐보는 잣대 중 하나였다. 사람 숫자 늘어나는 나라가 일반적으로 번창한다는 말이다. 그런 의미에서 현 대한민국의 저출산 보고서나 러시아 정부의 황당한 얘기가 뜻하는 바는 참담하다. 일면 국가 존립 자체까지 염려할 시점 아닌가 싶다. 저출산은 말이나 논리로 해결되지 않을 문제라 극복 가능한 미래가 아니며 그냥 적응하면서 살아갈 일이라는 말까지 나오는 요즘이다.

마을회관 건물로 들어섰다. 주방과 거실을 지나 굳게 닫힌 미닫이문을 두드린다. 대부분은 할머니들, 바닥과 소파에 편히 누워계시다가 느릿느릿 몸을 일으킨다. 새로운 얼굴의 등장이 일으킨 호기심과 반가움이 방안에 그득하다. 이장 댁을 여쭸다. 회관 뒤의 골목길 끝 돌담 집, 빨강 기와와 하양 페인트칠 대문, 자갈 덮인 안마당을 지나 도착한 현관 앞에 만 원권 열댓 장이 널려있다. 계십니까! 조용하다. 지폐를 장난감 삼아 혼자 뒹굴던 고양이가 동작을 멈추고 나를 빼꼼히 바라본다.

한참 만에 문을 열고 나온 주인장의 하품 한방이 늘어진다. 대뜸 날리는 인사가 뜬금없다. 안 와요. 연세가 계셔서. 연세가 계셔? 내가 갸우뚱하건 말건 이장님은 말을 이어간다. 단체로 주문한 소금 가져가라고 열 번 넘게 방송했어요. 나도 들었다. 대뜸 묻는다. 어디 사느냐고? 이장이 바뀐 줄 모른 채 세월 많이 보냈다. 주민등록지 거

주자 확인차 오셨구먼요. 돌아서던 그가 그제야 현관 바닥에 흐트러진 지폐 몇 장을 발견하고는 주섬주섬 집어 들며 중얼거린다. 덕팔이 이 사람. 참, 싱겁긴. 창문 한번 두드리고 가면 어디 덧나!

주민 명부에서 내 이름을 찾아 서명했다. 뒷집 공군 대령과 옆 도자 가게 쥔은 다녀가지 않은 듯 비어있다. 이웃이라는 애꿎은 이유로 나더러 대신 사인하라는데 왠지 내키지 않는다. 이장 입회니까 괜찮다는 설명을 듣고도 여전히 찜찜하다. 그래, 그깟 서명쯤 별거겠어. 이장 집 방문조차 버거운 노년, 애들과 청년의 숫자는 줄고 어른들만 즐비한 동네, 인구절벽이라는 달갑잖은 용어의 불편한 의미를 새삼 곱씹게 된다.

돌담길 따라 돌아 나온다. 손에 꼽을 정도지만 이사 와 십여 년 넘도록 마을버스 다니는 큰길로만 나다녔다. 골목에서 잠시 멈춘다. 낮은 산 아래 푹 파묻힌 마을이 아늑하다. 어줍은 풍수 소견으로 봐도 번듯한 지형과 방향, 산자락 한편엔 유명한 소설가의 작업실도 있다. 한 가지는 걸린다. 암만 주말이라 해도 그렇지, 애들 떠드는 소리

아기 배달부

가 들리지 않는다. 초등학교 적 교장 선생님께서 어린이는 나라의 기둥이랬는데. 상상으로 가능한 미래를 머릿속에 떠올린다.

2046년 봄, 대한민국은 인구 멸실 사태 해결을 위한 연구와 투자를 거듭한 끝에 혁신적인 인공 태아 생산 기술을 완성한다. 총인구 수급 계획에 의거 유전자 복제 및 조작 과정을 거쳐 예비 부모가 바라는 수준의 외모, 성격과 지능까지 완벽히 갖춘 맞춤형 우량아를 생산한다. 국가는 입양 희망 부부에게 아이가 성인이 될 때까지 양육비 완전 무료, 최초 1회 주택 구매 자금 무상지원과 상당액의 '사회 공헌 수당'까지 지급한다. 이 지원정책이 대한민국의 인구 문제를 해결할 수 있을지는 두고 볼 일이다.

마땅한 사람이 없어 23년간 이장직을 계속 수행하고 있는 코맹맹이 할아버지가 이른 새벽 스피커를 통해 공지를 전달한다.

"주민 여러분, 오늘도 안녕하심꽈. 이장임돠. 상반기 신청분 자녀가 도착한 지 닷새째임돠. 다섯 명의 귀여운 아가들이 마을회관 인큐베이터에 누워 입양 부모님들을 오매불망 기다리는 중임돠. 다들 바쁘신 줄 아오나 오늘 오후까지는 꼭 수령하여 가시기 바람돠."

 인구 감소를 전제로 나름의 근거를 붙인 대한한국 소멸 시나리오가 인터넷 공간을 버젓이 활보한다. 한민족의 소수화를 전제로 중국, 일본, 미국 등의 위성국가나 그 자치령으로 전락할 거라는 둥. 이민자를 받아들여 그나마 국가 형태를 유지하는 대안이 멸망보다 낫다는 부분에 이르면 실소를 넘어 자괴감을 금치 못한다. 그렇게 되면….

 수천 년 역사 속 가까운 근대사만 돌아보더라도 이 나라가 늘 평화로웠던 건 아니다. 일제 시대를 거쳐 전쟁의 폐허 위에서 한반도는 1970년대 전후 한강의 기적을 거쳐 20세기 지구상 경제 강국으로 도약했다. 대책 없어 보이는 인구 문제도 그런 저력을 바탕으로 해결될 순간이 다가오지 않겠나. 이장 댁 돌담 위 빨간 가을 장미가 넌지시 속삭인다. 지난여름 불볕더위도 그쳤잖아. 앞으로 다가올 날들이 마냥 어둡기만 할까. 기다려봐요~~~.

3. 헛소리

2018년 늦봄, 다시 운현궁. 갑작스레 바람을 동반한 폭우가 밤새 내렸습니다. 나뭇가지에 편지 한 장 걸려있네요. 영원한 베르테르의 그녀, 샤롯데 당신이 혹시나 다녀가셨나요!

별꽃이 피었습니다

춘분 지나 아흐레
코앞 4월이
때늦은 눈 폭탄에 머쓱하고

밤새
수천 개 꼬마별이
눈꽃 저문 가지 위로 내려앉고

다행이다

그는 냉혈한 같았다. 어느 순간 갑자기 내 주변의 무엇도 안 보일 수 있다는 사형선고를 내렸다. 어쩌면 그렇게 표정 하나 변하지 않고, 판결문 읽어가는 판사처럼 담담할 수 있는지. '사'자 직업 가진 사람 말도 많다더니, 그의 뇌 뚜껑을 열어 내부를 샅샅이 들여다보고 싶다. 의사 직업을 가진 이 아저씨가 내 눈을 이리 뒤집고, 저리 까고 속에다 뭔가 집어넣는 작업을 5분쯤 하고서 알려준 결과였다.

갑자기 아무것도 볼 수 없게 된다면… 두 눈을 지그시 감았다. 첫걸음 떼는 건 괜찮겠지. 화장실 방향으로 걸음을 옮긴다. 세 발자국을 못가 난감하다. 5초도 못 버티고 답답해진다. 혹시나 뜨거운 물체가 저만치 앞에 놓여있을까, 단단한 쇠붙이에 걸려 넘어질세라 불안해진 나는 끝내 답답함을 참지 못하고 눈을 떴다.

안 보이니까 거울 볼 일 없겠다만, 머리가 헝클어졌는지 얼굴에 뭐라도 묻어있는지, 확인할 방법 없어 불편하겠네. 내 얼굴을 오래 안 보면 언제쯤인가 내가 어떻게 생겼는지 까먹을지도 모른다. 가수 이용복처럼 검정 안경을 쓸지도 모른다. 주변 사람들은 처음이야 불쌍히 여길 수 있으나 시간이 흐르면서 지쳐 관심을 끊겠지. 외출할 때 옷은 어떻게? 아니, 외출할 일이 있기나 할까?

라면은 어떻게 끓인다지. 젓가락질은 어떻게 하고, E-Mail은 어떻게 보내고 받은 메일은 어떻게 읽고? 정동진 해맞이는 물 건너갔다. 남미 마추피추 탐방도 포기다. 축구 골프 송년회 그딴 거도 사치다. 늦저녁 스포츠 하이라이트! 꽝이다.

그러나 아직 남은 희망 몇 줄기.

아직은 멀쩡한 두 눈으로 세상을 본다. 치료가 가능하고 수술만 잘 되면 모든 게 원래대로다. 그리고 시각을 잃은 사람들은 아닌, 후각과 촉각을 통해서만 세상과 소통하며 산다. 만져서 모양을 추정하고, 냄새로 맛을 느끼고, 말을 들어 상대의 인격을 본다. 시각이 아니어도 사는 방법이야 많다. 운명이라 체념하고 살건, 자신 앞으로 찾아온 인생을 있는 그대로 받아들이건 그들은 어딘가에 소속되어 어떻게든 살고 있다.

 암흑 속에서 내 주위 사람과 상황이 어떤 모습인지 못 보고 그들의 울음과 웃음, 분노와 환희 따위를 느낄 수 없다는 상상을 미리 하고 싶지 않다. 이기적으로 말하자면, 아직은 쓸 만한 두 눈이 내게는 여전히 있다. 나는 아직 행복한 인간이다.

 그날이 언제였던가. 더듬기조차 싫은 오래전 기억과 추억에 눌려 흐릿한 얼굴, 세월이라는 폭군에 의해 부서지고 흩어지고 날려가 버린 순간들, 빛바랜 흑백 사진처럼 흩어지고 뿌예셔 가물거리는 옛사랑의 흔적. 그런 모습들조차 떠올릴 수 없을 만큼 난 이미 눈먼 사람이었음을 이번 일을 통해 이제야 알았다.

 그로부터 두 달여, 눈은 정상 상태로 돌아왔다. 그러면서 주변을 유심히 바라보는 습관이 생겼다. 사람과 그들이 주고받는 말, 그들의 표정, 움직임 그리고 주변의 풍경과 분위기. 어느 순간 이 세상 모든 것이 나로부터 멀어져갈 가능성은 늘 존재한다. 잘 담아둬야지. 내 마지막 날까지 오래도록 떠올리며 살아가도록.

(2007년 4월, 대치동 플러스성모 안과)

늦어도 괜찮아

밤새워 내린 눈이 세상을 뒤덮었다. 무려 17년 만이다. 아파트 안 조그만 놀이터에도, 그 옆 아담한 산책길에도 그리고 통닭집 지붕과 작은 나뭇가지까지 눈 나라가 되었다. 어제까지 내 눈에 보이던 세계는 어디론가 숨어버렸다. 충동적인 행동이 바람직할 리 없지만 답답하고 따분한 일상에서 계획성 없어 보이는 가끔의 일탈은 기분전환용으로 괜찮다. 꼭 그래서만은 아니었으나 속옷 바람으로 대청에서 텔레비전과 컴퓨터에 빠져 정신없는 두 애한테 명령했다. 오 분 내로 옷 갈아입어, 산으로 간다.

주 5일제 근무로 남아도는 토요일과 일요일 이틀을 유용하게 활용하는 방법으로 떠올릴 수 있는 것, 취미 활동 활성화, 자기 계발 및 발전에 투자, 평소 소홀했던 친구나

친척들에게 시간을 할애하거나 친목 도모 등, 그 중 뭐 하나 포기하기 쉽지 않다. 중요도 기준은 개인의 선택이며 찬찬히 생각해볼 문제다. 목표는 삼각산, 밤새 엄청 눈이 내렸다. 가파른 인수봉이나 백운대는 위험 요소가 많을뿐더러 바람마저 세차다. 가다가 중지하면 아니 간만 못하다더라. 대동문 방향으로 빙 돌아가는 완만한 능선이 답이었다.

급하게 결정한 산행이다. 산을 오르기엔 복장이 불량했다. 바지와 겉 잠바는 웬만큼 편한 걸 골라 입었지만, 쌓인 눈과 얼어버린 산속 구불길을 오르내리기엔 턱도 없이 불편한 보통 운동화가 문제였다. 아이젠이나 간이 식량이 있을 턱도 없이, 우리 셋은 평소보다 좀 두툼히 차려입고 겁 없이 산속으로 뛰어들었다. 다행히 두 애가 순순히 내 방식을 따라줬다. 눈 쌓인 산에 처음 간다는 호기심도 있었을 것이고, 토요일 하루 쉼에서 뒹굴어 보니 무료하기도 했을 테다. 따라나서면 어딘가 바깥 식당에서 맛있게 한 끼를 때울 수 있을 거라는 기대도 있었을 것이고. 얼마큼 힘들 것인지에 대한 생각은, 글쎄, 없었지 싶다.

올라가면서 알게 될 것이다. 산을 오른다는 것, 그것도 눈 쌓인 언덕배기를 아무런 준비 없이 올라간다는 것이 얼마나 위험하고 힘든 일인지 내려올 때쯤이면 말 한마디 하지 않아도, 스스로 깨닫게 되는 것, 오늘의 궁극적인 목표다. 그리하여 사람들 살아가는 일이 일어나서 세수하고 밥 먹고, 학교 가고, 시험 보고, 집에 돌아와 배운 것 복습하고, 숙제하고, 등등의 행동을 준비하지 않았을 경우 발생할 수 있는 상황이 뭔지 알기를 바랐다. 조금 더 보태 산을 오르내린다는 것, 학교에 간다는 것, 사람들을 만나고, 맛있는 밥을 한 끼 먹는다는 행위들이 얼마큼 소중한 일인지, 그리고 그런 것 하나하나가 모여 삶을 형성한다는 사실을 두 아이들이 깨달아주기를 바란다는, 대단히 엄청난 기대도 포함되었다.

얇은 옷 몇 가지를 겹겹이 껴입은 큰애는, 원래 건장한 탓도 있지만, 별로 추운 줄 모른 채 잘 걸었다. 작은 애는 헐렁한 셔츠 하나에 오리털 파카를 걸친 차림으로, 체온을 일정하게 유지해줘야 하는 산행에는 적절한 차림이 아니었다. 산에서 내려올 때쯤이면 아마도 춥다고 느낄 것이다. 천천히 앞서가면서 잔소리처럼 몇 마디 해댔다.

"집에서처럼 팡팡 뛰지 마라. 넘어져서 몸에 상처 나기 쉽다.

한 걸음씩 또박또박 움직여라. 헛디디면 저 아래 절벽으로 뒹굴 수도 있다.

좁은 길을 지날 때 반대편에서 사람이 오면 비켜서라. 잠시 멈춰서 기다려라.

사람들 발자국이 나 있는 길로만 따라가라. 눈 덮인 산은 모험 장소로 적당치 않다.

다리에 힘 빠졌다고 아무 데서나 쉴 생각하지 마라. 목표지점까지 도착한 후 휴식이다.

서둘러 빨리 가려고 하지 마라. 늦는다고 뭐라 할 사람 없다.

멀리 가려고 욕심내지 마라. 목적지까지만 가면 된다.

굳이 일등 할 필요 없다. 벌써 꼭대기에 오른 사람도 있고 이제 출발하는 사람도 있다."

대여섯 번씩 넘어지긴 했지만, 우리는 무사히 목적지에 도착했고, 좀 가파른 능선을 택해 조심조심 산 아래로 내려왔다. 오르던 길에 딱 한 번, 힘드니까 그만 돌아가자는 작은애의 저항이 있기는 했다. 허겁지겁 찾아간 해장국

집에서, 그의 양말이 축축하게 젖어있고, 장갑은 얼음 먹은 하마였으며, 바지 끝자락엔 찬 눈이 들러붙어 얼어 있음을 알았다. 미안!

뜨거운 선지해장국을 앞에 두고 언 몸을 녹여가며 우린 다시 세상으로 돌아오는 중이었다. 작은애가 쫑알거린다. 다른 건 몰라도 등산화는 사야 할 것 같다고. 그렇지, 조그만 배낭에 방한용 여분 옷 한 벌과 보온병 그리고 인스턴트커피와 컵라면쯤은 챙겨가야지. 여벌 양말도 한 짝, 필요하면 망원경도 가져가자.

그래서 안전하게, 끈기 있게, 정상까지 올라가는 방법을 스스로 터득했다면 있다면 오늘 산행은 성공이다. 앞으로도 그렇게, 서둘지 말고 그러나 멈추지도 말고 차근차근 살아가기를. 우직한 어른으로 커가기를. 성부와 성자와 성신의 이름으로, 아멘!

(2010년 12월 북한산)

지독한 짝사랑

Dear Charlotte,

당신을 사랑해서 행복하기보다 괴로웠던 한 남자가 권총으로 목숨을 끊었습니다. 그가 세상을 떠난 지 246년, 내가 책에서 그를 처음 만난 이후 43년 만입니다. 입대 전까지 열댓 번 넘게 읽은 『젊은 베르테르의 슬픔』에서 샤롯데 당신을 처음 만났습니다. 당신은 내가 누군지 알 리 없죠. 당신이 어쩌면 마음속으로 사랑했을 순정파 청년 베르테르, 하고많은 남자도 복제되어 인다깝고, 이피서 헤맸을 수많은 베르테르의 후예, 나도 그들 중 한 사람입니다. 안녕하세요, 샤롯데 아가씨?

1771년 5월 10일, 베르테르는 사랑에 푹 빠진 자신의 속내를 친구에게 담담히 적습니다. 요즘 내 영혼은 감미로운 봄날 아침처럼 더없이 아름다운 명랑함에 빠져있네, 라고. 1980년 같은 달 같은 날 휘갈긴 몇 줄 내 낙서가 고스란히 남아있습니다. "최루가스 뒤섞인 꽃향기가 교정을 뒤덮었다. 라일락과 아카시아는 그녀의 얼굴이고 향기다." 훗날 80년의 봄이라 불린 역사의 현장에서 나는 연애질에 홀딱 빠져있었습니다.

1771년 9월 3일 편지에서 베르테르는 절박한 내용으로 자살을 암시합니다. "나는 떠나야 한다. 벌써 2주일 전부터 그녀 곁을 떠나겠다는 생각을 품고 있다."라고 적었습니다. 228년 후 2008년 9월 3일 내 기록은 베르테르의 편지와 다릅니다. 달라도 너무 달라 미안합니다.

운현궁에 가을이 왔다
노안당(老安堂) 지붕 위 코발트색 깊은 하늘
서까래 끝 풍경(風磬) 주변 바람 몇 줌 숨바꼭질
마른 잎새 밟는 소리 또박또박 걸음걸이
그녀도 왔다

2018년 늦봄, 다시 운현궁. 갑작스레 바람을 동반한 폭우가 밤새 내렸습니다. 나뭇가지에 편지 한 장 걸려있네요. 영원한 베르테르의 그녀, 샤롯데 당신이 혹시나 다녀가셨나요!

고놈 연분홍이
찌든 눈 잠깐 호강시켜주고는
간밤 비바람에 반 토막 났다.
그대 떠나던 날처럼
떨어진 꽃잎처럼
이 봄도 그렇게 지나겠다.
남겨진 사람이나 가버린 사랑이나
무시로 뿜는 한숨
살구꽃 다시 필 때까지는 진물 나게 아리겠다.

(2018년 6월, 운현궁)

지독한 짝사랑

무장아찌콩자반깡보리밥

4교시 종이 울리기 바쁘게 교실 내 절반은 더 될 아이들이 좁은 복도에서 어깨를 밀치며 운동장으로 뛰어나갔다. 오십 분간 땡볕 아래서 너덜대는 비닐 공만 죽기 살기로 쫓아다녔다. 점심 끝 종이 울릴 즈음 수돗가로 모여든 꼬마들은 물을 들이마셔 고픈 배 먼저 달래고, 꼭지 끝에 먼지투성이 대가리를 밀어 넣어 머리를 감았다. 뺨 위로 흘러내린 물이 땀과 뒤범벅되어 짭짤했다. 눈자위 빼고는 얼굴에서 팔다리까지 새까맣게 그을린 꼬마들이 오후 수업 시작도 전에 꾸벅꾸벅 졸았다. 급하게 들이켠 수돗물이 뱃속에서 출렁거렸다.

쌀밥에 달걀프라이를 얹은 도시락이 최고였다. 그럭저럭 부잣집이다. 점심을 아예 싸 오지 못하는 친구가 대부

분이었다. 부잣집 애들 도시락엔 계란말이, 소시지, 장조림, 김, 멸치볶음이나 생선전 등 아이들이 좋아하는 반찬이 많았다. 엄마가 일주일에 두세 번 해주는 도시락 반찬은 콩장과 무장아찌였다. 줄기차게 싸줬다. 염소 똥 모양의 콩장과 짜다 못해 쓴 장아찌, 그거 말고 딴 반찬 좀 해 달라 몇 번이나 투덜거려도 엄마는 콧방귀조차 뀌지 않았다. 광천 쪽다리 밑에서 나를 주워왔다는 말이 진짜 같았다.

밥도 그랬다. 서울 오면 쌀밥 먹을 줄 알았는데 우리 밥상엔 일주일에 네댓 번 보리밥이 올랐다. 보리쌀은 시커먼 일자 금이 흉해 싫었다. 광산촌에 살던 때처럼 아버지 밥그릇에만 흰쌀이 담겼다. 그나마 없어 못 먹는 사람들이 널렸다며 엄마는 쌀밥 타령인 나를 면박했다. 학교로 가는 길에 흔들린 내 도시락통은 보리밥, 무장아찌와 콩장이 함께 섞여 따로 놀았다. 거무칙칙한 색깔에 짠 내까지 진동해서 애들과 같이 먹기가 참 민망했다. 그럴 바에야 한 끼 굶는 게 낫다. 때마침 점심밥을 내팽개칠 훌륭한 핑곗거리가 생겼다. 마녀이자 깡패로 소문난 여자

반장이 혼분식 검사하면서 시비를 걸어왔다. 그전에도 내 도시락을 몇 번이나 봤던 이 왈가닥이 촌놈 놀려먹기로 작정한 듯 뽀얀 얼굴을 내 코앞에 바짝 들이대고 지그시 속삭였다.

"너는 장아찌하고 염소 똥만 먹는구나! 그러니까 얼굴이 까맣지."

덤비지 못했다. 그 후로 장아찌나 콩장을 싸주는 날엔 엄마 몰래 도시락을 어딘가 숨기고 학교에 갔다. 가지고 갔어도 내가 화났다는 사실은 엄마한테 알리고 싶었다. 밥에 손을 대지 않는다거나 반찬과 밥을 통째 흔들어놨다. 엄마가 따지면 받아칠 핑계를 열심히 만들어봤자 쓸데없는 짓이었다. 처음 한 번만 빼고 엄마는 이유를 묻지 않았다. 아직도 배가 덜 고파서 정신을 차리지 못한다는 핀잔만 잔뜩 먹었다. 반장 마녀가 도시락을 미끼로 나를 깔보는 것은 엄마 탓이다. 내가 다시 일등을 하면 싸가지 마녀쯤이야 나를 함부로 하지 않겠지만 엄마는 반찬 같은 것에 관심이 없다. 고것 얘기가 맞다. 내 얼굴이 하얘지기는 영 글렀다.

(1971년, 숭덕초등학교)

타는 목마름으로 – 문학과 정치 사이

 어김없이 꽃샘추위가 찾아왔다. 두꺼운 겨울옷 몇 벌 남겨두길 잘했지. 차가워진 날씨에 뭘 입을까 머뭇거리다 바라본 바깥마당에 벚꽃이 눈처럼 쌓였다. 바람에 날려 차창을 뒤덮은. 한 해 전 5월엔 스러진 저 꽃잎처럼 한 시인이 세상을 떠났고.

 또 다른 오월 그때는 서울 시내 한복판이 최루가스로 매콤했다. 공권력 전투경찰과 민간인 시위대가 서로 쫓고 쫓기었다. 1980년 5월 15일 종로 관철동 뒷골목에서 그것이 뭔지 정확히 몰랐던 나도 민주화는 반드시 이루어내야 할 시대적 요청이라며 소리를 높였다. 예민한 나이 스무 살 대학생이 어쩌다 접한 김지하의 시 한 편이 결기의 배경이었다.

박정희 대통령의 유신 시절, 지금 돌아보면 완전히 비정상이라던 당시의 현실을 비판하고 민주주의 열망을 노래한 시가 김지하의 「타는 목마름」이다. 군사정권하에서 금지되었다가 1982년 김지하의 시집 『타는 목마름』에 수록되었으나 이것마저도 최규하 대통령의 뒤를 이은 전두환 정권에 의해 금서(禁書)로 묶인다. 운동권 노래로 만들어져 1980년대 반정부 시위가 한창이던 대학가에서 '민주화의 상징'으로 통했다.

"아직 동트지 않은 뒷골목 어딘가/발자국 소리 호르락 소리 문 두드리는 소리/외마디 길고 긴 누군가의 비명 소리… 숨죽여 흐느끼며/네 이름을 남몰래 쓴다." 어두운 새벽, 정보기관의 눈을 피해 정권을 비난하는 대자보를 붙인 후 누군가한테 붙잡힐까 무서워 허둥지둥 도망치던 시대의 암울함을 묘사했다.

1970년대 그는 '반공 이데올로기'가 곧 국가 운영체제의 기반이던 박정희 시절, 『사상계』에 「오적」을 게재해 독재정부를 비판했다는 죄목으로 100일간 수감, 1974년에 민청학련사건을 배후조종한 혐의로 사형을 선고받고, 10개월 만에 풀려나서 유신 독재의 문제점을 쓰고 잡혀 6년 그리고 민청학련사건과 오적 필화사건 등으로 7년 넘게 교도소에 머물렀다.

1970년대 「오적」과 1975년 작 「타는 목마름으로」 두 편의 시로 김지하는 독재에 항거한 지식인 반열에 올랐다. 노벨평화상과 노벨문학상 후보에 추천될 정도로 그의 평판은 높았으나 세상이 그에게 마냥 호의적이지만은 않았다. 변절자를 넘어 전향자라는 낙인이 따라붙었다. 사전상의 변절은 올바른 절개나 지조를 지키지 않고 바꾼다는, 즉 사상이나 이념과는 별개로 개인적인 이익을 추구하는 행위이며, 전향은 종래의 주장이나 이념을 자기 소신에 따라(주로 반대 방향으로) 바꾸어 돌린다는 뜻이다.

1991년 강경대 치사사건을 시작으로 분신자살이 유행처럼 번질 때 그는 「죽음의 굿판을 걷어치워라」라는 칼럼을 쓴다. 운동권에서 나이 어린 학생을 열사라는 호칭으로 추켜세우고 대규모 장례를 치러주며 자살로 조장한다고 비판한다. 이 사건 이후로 운동권은 그의 행위를 배신이라고 공격하는데 변절자이자 배신자로 몰린 김지하는 결국 문단에서 제명된다.

김지하의 이런 태도 변화는 나중에 그의 인터뷰를 보면

이유를 대략 알 수 있다. 70년대 후반 옥살이하는 동안 주변 동료들이 수시로 순교를 권유했다고 한다. 민주화의 성전에 바칠 제물로써 김지하를 죽음으로 몰아가려는 분위기였다고 전한다. 김지하가 이를 거부하면서 운동권에서는 그를 집단적으로 따돌리고 매도하기 시작했다. 본인과 그의 가족, 주변 인물까지 오랫동안 고통을 감내해야 했다. 시간이 흐를수록 그에게 붙은 변절 딱지는 견고하게 굳어갔다.

작가의 언행 변화가 변절이냐 전향이냐 하는 문제는 좌우와 보수 진보로 나뉜 대한민국의 이념 투쟁이 계속되는 한 앞으로도 줄곧 쟁점으로 남을 공산이 크다. 정치와 문학을 별개로 보는 시각, 정치적인 배경을 이용해 자신의 위상을 높이려고 하지 않는 순수한 작가의 태도 그리고 문학이나 작가를 정치적인 도구로 이용하지 않겠다는 위정자들의 냉정함이 절실하다. 문학이 이념적 잣대에 휘둘리지 않고 문학 자체로만 존재할 때 문학의 가치가 더욱 빛을 발할 수 있다는 생각이 차라리 나만의 착각이기를 바란다.

문학의 기능과 역할을 논할 때 반드시 따라붙는 화두가 현실 참여이다. 글이 현실을 전혀 반영하지 않고는 써질 수 없다는 면에서 문학은 가상적 진실이랄 수 있고 현실적이며 논리적 허구를 엮어 작가는 이념과 주장을 문장 속에 심는다. 순수문학이라고 불리는 글들도 이념적 성분이 완전히 배제되었다고 주장하기가 쉽지 않다. 강약의, 표현 방식의 차이가 있을지언정, 웬만한 글은 작품 안에 이념적인 요소를 이미 잉태하고 있다는 말이다. 그것이 비판적 관점을 가진 작가의 기본적 속성이든 아니면 의도적 계산이든 간에.

민주화를 부르짖던 김지하가 자신의 동지들로부터 반민주적인 글이라고 난타당했던 현실을 돌아보며, 영원한 진리는 없는 건지, 상황 논리에 따라 사람이 진리의 기준을 바꾸는 것인지 궁금해졌다. 진보도 보수도 아니라던 그의 주장을, 문학은 문학 자체로만 보아야 문학답다는 순수문학적 관점에 따라 그냥 넘길 것인가, 이전 대비 민주화가 많이 달성된(?) 특정 시점까지 예전의 동지를 설득하지 못했다는 이유로 비난할 것인가의 문제는 여전히 숙제로 남는다.

지금은 4월, 김지하의 1주기가 곧 다가온다. 간밤 내 봄 가뭄을 부분적이나마 해갈시켰던 단비가 강풍까지 동반했다. 타오르는 울분을 주체못해 속에서만 맴돌던 그의 목마름이 시원한 비바람을 찾아 나섰는가. 윤이월 눈꽃이 되어 길바닥을 헤맨다.

(2023년 봄, 광화문)

칼국수 990원

'서울에서 제일 싼 칼국수—한 그릇에 990원.'

산을 오르면서 몇 번인가 눈에 뜨인 현수막 광고 문구가 그날따라 유난히 관심이 갔다. 얼마 전엔 950원이랬는데 언젠가 40원이 올랐다. 그래도 많이 싸다. 진짜 990원인지, 행여나 다른 옵션이 있어 돈을 더 내야 하면 기분이 상할 수도 있다는 조바심 때문에 들어서기를 오랫동안 망설였다.

대동문을 향하여 완만한 산길 따라 걷는다. 다른 등산로에 비해 산행하는 사람이 비교적 적다. 등산로라기보다는 차라리 경사 낮은 언덕길이라 함이 옳다. 요즘엔 노익장을 과시하는 어른들까지 가파른 백운대 길을 거침없이 올라가신다니 이곳은 더욱 한가할 수밖에 없다.

북한산 입구에서 기도원을 지나 대동문 그리고 능선을 걸어 백운대에서 인수봉을 째려보고 백운산장에서 잠깐 휴식, 계곡 길을 따라 내려와 도선사 앞마당에서 막걸리 딱 한 잔 걸치고 아스팔트 길을 내려와 990원짜리 칼국수를 먹는 게 오늘의 일정이다. 이 코스를 1시간 40분 이내에 완주하자는 또 다른 목표도 있다. 약간 힘에 부치겠지만, 부지런히 가면 될 성도 싶다. 사뭇 비장해진다. 해 보자.

대동문까지는 거의 산책길 수준이다. 동장대에서 잠깐 숨을 고르는데 시커먼 색깔의 동전 같은 물건이 눈에 보인다. 산성 복구 작업 때 땅 밑에 묻혀 있다가 올라왔는지 시퍼런 이끼가 잔뜩 묻어 있다. 슬쩍 주워 표면을 문질러 보니 10원짜리 동전이다. 어떤 사연으로 이 동전 하나가 산꼭대기에 떨어졌는지 모른다. 아니, 누군가 그냥 흘렸겠지. 하여튼 그냥 놔두기보다 들고 가기로 했다. 그 정도야 뭐, 어떤 사람들처럼 수십, 수백억도 아니니까. 게다가 도둑질도 아니다.

빠른 산행하기엔 최상의 날씨다. 1시간 40분 주파가 무난할 것 같았는데 백운대 도착 전 마지막 난코스인 송추

쪽 북사면 바위 계곡을 지나서 시계를 봤다. 한 시간 하고도 오 분, 이제는 내리막길이지만 시간이 만만치 않다. 빨리 걸었는데도 역시나 1시간 40분은 무리였나. 조금 더 서둘자.

우수도 경칩도 지난 초봄이건만 깊은 계곡 길엔 잔설이 군데군데 남아있다. 얼음장 밑으로 다가온 봄이 아직 몰아내지 못한 지난 계절의 잔재다. 새순이 돋기까지는 더 시간이 필요해 보이지만 어느 산에 오르더라도 생명체는 대부분 활기가 넘친다. 터질 듯, 피울 듯, 그리하여 머잖아 경쾌한 팡파르를 울릴 듯. 내 눈엔 그래 보인다.

깔딱 고개 앞, 긴 돌계단이 기다린다. 내리막 불편한 길이라 속도가 오히려 느리다. 무릎도 욱신거리고. 정오 무렵의 빛나는 햇살이 남쪽으로 사정없이 내려앉는다. 도선사 앞마당에서 막걸리 한 사발을 들이킨다. 뒷자리 어른 한 분이 얼큰히 취한 모습으로 담배를 부탁하신다. 돌아보니 여덟이나 되는 분이 간절한 눈으로 나를 바라본다. 갑째로 드렸다. 이제 세상으로 나갈 판인데, 그깟 담배쯤이야. 훌훌 털고 일어나 목적지 칼국수 집을 향해 발길을 뗀다.

맛있다. 배도 고프고 힘도 들었으니 뭘들 맛이 없을까만, 주인장 얘기로는 장사가 아니라 봉사란다. 기도원에서 싸게 제공하는, 그래서 부담 없이 한 끼 식사 든든히 하라는 마음으로 내놓은 칼국수라고 묻지 않았는데 열심히 설명한다. 1,000원 내고 백 사람 중 네다섯 정도가 10원짜리 거스름돈을 받아 간다는데, 잉여금 10원은 옆에 있는 상자에 넣어 따로 보관한다. 돈을 더 내는 사람은 없느냐 물어봤다. 주인은 고개를 가로젓는다.

밀가루값이 하도 올라 950원이던 값을 부득이 990원으로 올렸다는 설명도 들었다. 천 원을 꺼내어 값을 치렀다. 거스름돈 10원을 돌려주신다. 배낭을 뒤져 아까 주워온 10원짜리 동전을 합쳐 20원을 내밀었다.

"여기 전달하라고 이 동전이 내 눈에 뜨였나 봅니다. 잘 먹었습니다."

다시 세상으로 나왔다. 쭉 뻗은 마로니에 가지 틈새마다 흰털이 뭉딩이로 모여있다. 금방 꽃이 필 모양이다.

(2008년 3월, 삼각산)

칼국수 990원

4.
그림자

용문사 초입의 일주문(一柱門)을 지난다. 겹겹이 하늘을 덮은 나무숲이 햇살을 틀어막는다. 아직 여름이라는 사실이 무색하게 가을인 듯 시원하다. 자연이 그런 거다. 일 미터도 채 되지 않는 음지와 양지의 거리가 만들어낸 마술 앞에서 감탄할 뿐이다. 가파른 계곡 따라 흐르는 물소리가 아까보다 힘차다. 땀이 절로 식는다.

길

애당초 없던 것
앞에 나선 적 없고
사람 발길만 뒤따라오는
이름을 지어주어야만
비로소 존재하는

오랜 시간
비바람 눈보라에 씻겨
나무와 풀에 가려
있다가 없고
보이다 안 보이던

몰라서 지나치고 알고도 비켜 다닌
때로는 모르는 척 질끈 눈 감았던
짓눌린 시간의 껍질을 벗고
이제야 희미하게 드러나는
오래전 내 발자국

망치 대장

'ON-OFF'가 어느 날인가부터 일상어로 자리 잡았다. 전기 따위가 켜졌거나 뭔가가 진행 중이면 ON이고 OFF는 그 반대 상황을 뜻한다. 컴퓨터나 네트워크에 연결된 상태를 나타내는 On-Line(가상공간)과 Off-Line(현실 세계) 개념도 여기서 나온 말이다. 정보 공유의 측면에서 온라인(연결됨) 상태가 아니라는 말을 오프라인(끊김)이라 규정한 것은, 인간 입장보다 기계 우선주의가 아닌가 한다. 인터넷상의 가상공간이 '연결(온라인)'이며 현실에서 얼굴 마주 보고 떠드는 것이 '단절(오프라인)'이라니! 본질을 도외시한 기능 중심 발상이다. 영어와 한국어라는 두 언어의 번역상 차이일 뿐이라고 에둘러 넘기면서도 씁쓸한 구석은 여전히 남는다.

인터넷 정보 전달 체계가 처음으로 빠르게 스며들어 온라인이라는 개념조차 낯설던 30여 년 전 그곳 대화방은 온종일 회원들의 수다로 시끄럽고, 한쪽에서는 습작과 유머, 퍼온 글이 계속 올라왔다. 카페지기 이름은 '칸(Kahn)', 몽골의 위대한 군주 칭기즈칸에서 따왔다는 것쯤 단박에 안다. 다음 포털 3040 글쓰기 모임의 방장(坊長)인데 그의 권한은 막강했다. 경고하고 차단하고 쫓아내는 일, 그리고 그 힘의 원천은 그의 손에 쥐어진 황금 망치였다.

  무례하고 배려 없는 말, 모임 취지와 관계없는 얘기로 대화 분위기를 해치거나 부적절한 어투, 이성(異性)한테 추근대는 행위, 그 상황에서 방장은 사정없이 망치를 날렸다. 누가 봐도 처리해야 할 사건에만 힘을 썼고, 그리하여 방장의 조치에 대해 이러쿵저러쿵 불만인 회원은 없었다. 꼭 쓸 곳에 적절히 사용된 권한, 그래서 방장의 권위는 흔들리지 않았다.

  리더는 객관적이며 상식적이어야 한다. 남들이 인정하는 능력이나 위상 혹은 그를 바탕으로 타인에게 끼칠 수 있는 영향력이 곧 권위다. 실추된 권위엔 비난이 따라붙고 힘은 약해진다. 정치판의 권력자들이라면 수단과 방법

가리지 않고 비판을 무마할 방법부터 찾는다. 선동과 상대 깎아내리기, 퍼주기, 세(勢) 과시, 무력 동원까지 물불을 가리지 않는다. 부패하고 무능한 지도자들이 권위를 세우고자 흔히 택하는 짓거리다.

이제 카페에서 망치는 사라졌다. 신석기 시대에나 쓰던 구식 도구가 유치했던 모양이다. 대신 왕관을 눌러 쓴 카페주인이 제왕으로 군림한다. 마음에 들지 않는 게시물 즉각 삭제와 방자한 질문을 던지는 회원 추방은 기본이다. 제재와 응징 권한을 가진 '방장가카'의 행위를 굳이 따져 얻을 것 없는 다수는 침묵을 지킨다. 열성 지지자 몇만 확보한다면 반대 목소리는 수그러들기 마련이고 옳지 않아도 입 닥치는 분위기로 흘러간다. 어느 선까지는.

살아있는 권력을 무너뜨린 대중의 항거나 저항 세력에 의한 체제 전복 기록이 세계사에는 물론 우리나라에도 수두룩하다. 성공한 혁명과 실패한 '난(亂)' 혹은 '사태'가 그 부류다. 옳고 그름을 따지자는 게 아니라 그런 일이 비일비재하다는 뜻이다. 시대적으로 사건을 해석하는 관점과 판단 주체에 따라 뜻매김이 달라서 논란이 되기도 한다. 대한민국 현대사의 5·16, 10·26과 5·18 등은 그 대표적인

예다. 오프라인 개념이 전혀 없던 시대, 권력의 본질을 보여주는 사건이, 정치판도 아닌 작금의 온라인상에서 벌어지고 있어 해보는 소리다.

알고 있는 온라인 사진 동호회만 이십여 개다. 거기서는 유독 하늘 사진만 찍어댔다. 매일 수십 번 이상 바뀌는, 계절 따라 얼굴을 달리하는 하늘 풍경이 끊임없이 올라왔다. 나도 가끔 사진을 올리고 슬며시 조회 수를 확인했다. 회원 중 한 여성이 내 사진을 보고는 '색감 짱', '구도 칙오' 등의 의례적인 댓글을 몇 번 달아줬다. 수준급 사진작가의 멘트를 대하는 재미가 어쨌든 쏠쏠했다. 단톡방에서 나의 책 이야기가 언급되기 전까지만.

내가 게시판에 올린 사진이 나의 단행본 표지 사진과 같다는 것을 알게 된 그녀가 내 책을 구매하고 인증 사진을 올렸다. 감사의 인사를 전했고 시간 날 때 사인을 부탁한다는 얘기까지 오간 직후 그녀가 사라졌다. 그리고 하루가 지나자 누군가가 무슨 일인지 이유도 모르는 나를 단톡방에서 쫓아냈다. 추측하건대 '방장가카'께서 우리 둘을, 눈맞아 대화방 분위기를 흐리는 불순 남녀로 낙인찍은 듯했다. 망치로 때린 것도 아니건만 몹시 아팠다.

  상식과 객관, 공정과 배려라는 면에서 그 시절 방장, 칸의 글 카페 운영 방식은 적절했다. 온라인 블로그, 카페나 밴드에서 리더의 역할 중 하나는 회원의 애로점이나 개선 요청을 수렴 반영하는 것이다. 그런데 망치나 권력을 휘두른 배경이 진위 확인 없는 권력자의 주관적이고 감상적인 오해에서 비롯되었다면 문제는 달라진다. 물어보기나 했어야지. 나는 어쩔 수 없는 소인배인가, 그러려니 넘어가자 해놓고 여전히 억울하다는 생각을 떨구지 못한다.

  어쩌다 하늘 사진 예쁘게 담으며 또 다른 세상과 연결됐던 온라인상의 내가 이제는 단절된 오프라인으로 튕겨 떨어졌다. 현실 세계만으로도 충분히 벅찬 나에게 현실보다 훨씬 더 현실 같은 가상공간이 종종 시비를 건다. 그렇게 본다면 가상공간 온라인과 현실 세계인 오프라인 개념이 완전히 다르다는 말이 옳지만은 않다. 몰상식하고 편견 그득한 권력이 준동(蠢動)하는 세상에서는, 때때로 '산다는 일'이 불편하다. 속상함을 넘어 화까지 난다.

나쁜 놈

대기 번호 28. 초여름 서울 외곽 소도시, 밥때 지나 한 시 반, 냉메밀 한 그릇 먹으려는 손님들로 식당 앞은 복작거렸다. 자리 나기까지 20분 넘게 걸렸다. 국수 위에 올리는 고명은 장어와 새우, "주문은 과학입니다."라고 안내하는 키오스크 화면을 클릭했다. 새우, 새우(곱), 장어, 장어(곱)의 네 가지 메뉴가 전부다. 튀김이 세 개인 11,000원짜리 '새우'와 12,000원 '새우(곱)'을 비교한다. 새우가 곱이라면 합은 여섯, 단돈 천 원 추가로 튀김 세 개를 더 주는 식당이니 손님이 미어터지지. 미련 없이 '새우(곱)'을 선택했다.

얼음 육수를 밀치고 솟아오른 메밀 위에 잘 튀겨진 새우 세 개가 먹음직하다. 하나를 집어 먹는다. 바삭바삭 고소한 식감이 혓바닥에 착착 감긴다. 두 번째 새우를 입에 넣으면서 뭔가 이상하다고 느낀다. 세 마리잖아. 투덜대다 그제야 안다. 이 '곱'은 새우 숫자 아닌 메밀 면의 양이었음을. '약 올려! 그렇게 써놓으면 새우 수가 곱인 줄 알잖아.' 아무 잘못 없는 종업원의 뒤통수를 째려보는 순간 폭풍처럼 몰려오는 일고여덟 살 적 기억, 엄마와의 실랑이.

내 밥그릇엔 사발 높이만큼의 밥이 꾹꾹 눌려 더 쌓였고 나는 그게 싫었다. 먹기도 전에 부담스러워 심통부터 부렸다. 먹어 보고서 모자라면 더 달라겠다고 아무리 얘기해도 엄마는 요지부동이었고 오히려 같잖다는 투로 쏴붙였다.

"얘가 호강에 겨워 환장했구나. 맨날 남아도는 밥 아니다. 줄 때 실컷 처먹어, 이놈아!"

그 엄마에 그 아들은 곧 죽을망정 절대로 물러서지 않았다. 그릇 위로 쑥 올라온 만큼의 밥을 보란 듯이, 어김없이 남겼다. 그놈 성깔이 엄마 못잖게 고약했다.

밥을 많이 준다는 이유로 시작된 엄마와의 갈등은 엄마

의 말투를 보면서 해가 갈수록 깊어갔다. 진즉 쇠락한 방계 왕족의 장 며느리가 뭐 그리 대단한지 이를 무기 삼은 엄마의 위세는 언제 어디서든 꺾이지 않았다. "니깟 무지랭이들, 옛날 같으면 함께 서 있지도 못할 상것들이. 대체 생각이 있이 사는 겨? 법도라고는 코딱지만큼도 없는 천하의 푼수들." 사람들은 엄마를 슬슬 피했다. 욕쟁이 엄마가 그렇게 창피했다.

나이 들면 불같던 성질이 수그러들 법하건만 70 중반까지 문중에서 엄마를 이길 사람은 없었다. 세월이 약이랬다. 그러니 옳고 그름 관계없이 무조건 엄마를 편들던 아버지의 죽음과 치매의 시작으로 엄마는 급격히 쇠약해졌고 괄괄한 성격도 차츰 무뎌갔다. 남들보다 유별나게 까칠한 원인은 여전히 수수께끼였다. 장마 시작 무렵 꼭두새벽에 날아온 엄마의 전화를 받기 전까지는.

시골집 시멘트 담벼락엔 올망졸망 채송화, 닭머리 맨드라미와 수채화 색 수국이 제멋대로 피어있었다. 엄마 스스로가 당신의 상태를 어느 정도 알고 계시던 때다. 후딱 내려갔다. 당신 얘기를 띄엄띄엄 들으면 사납기로 전 세계 일등인(형제들은 그렇게 표현했다) 엄마한테 대판 욕먹기

일쑤다. 꼼꼼히 새겨들어야지. 대청 기둥에 등짝을 기댔다. 기운 없는 노모께서 허리를 곧추세우고 입을 열었다.

"겨울 빼고는 징글징글했어. 어른들은 땅 고르고 씨 뿌리고 열매 거두고 때마다 먹을거리 퍼 나르고. 바쁜 하루를 그렇게 보내면 봄 여름 가을도 물처럼 지나가네. 힘들어도 농한기엔 살 만했지. 그래봤자 보리쌀 팔아먹기 바빴지만. 그땐 다들 그랬으니. 그런데 어느 날 엄마가 안 보여. 왜 없는지, 어디 갔는지, 언제 올지도 모른댜. 속이 타더라. 네다섯 살배기 애가 뭘 어쩌겠어. 커가면서 주변 사람들 수군거리는 말과 어렴풋한 기억들이 시도 때도 없이 들리고 떠오를 때마다 숨어서 눈물 훔치고. 내 엄마…. 참 독했다."

나뿐만이 아니라 나의 엄마에게도 엄마는 독한 사람이었다니. 그건 그렇다 치는데, 신세 한탄이나 하려고 새벽 댓바람부터 전화를? 그럴 리 만무하다.

"그 후로 그 엄마를 다시는 못 봤나요?"

"양심은 있었내벼. 서너 달 전이었나, 사람을 보냈더라."

잘생긴 남자 하나가 찾아와서 몇 가지 묻고 확인하더니 다짜고짜 누님이라 부르며 큰절을 올리더라고. 어머니가

큰딸을 보고 싶어 한다며 당장 가자고.

"그래서 어쩌셨어요?"

"딸이 있기는 했대? 평생 내팽개쳤던 년을 그 나이 되어 왜 찾는지, 알다가도 모르겠다."

말이 끝나기도 전에 눈부터 그렁그렁하다. 평생 미워하면서도 그립던 엄마를, 연락 한번 없다가 뒤늦게 손 내민 엄마를, 괘씸해서 자기가 내쳤다며 코를 킁킁거렸다. 엄마의 독설과 생떼는 서러움의 다른 표현이었나. 그제야 속을 조금 알 것 같았다. 엄마가 독하다고 말했던 그 엄마, 줄 때 처먹으라 쏴붙인 내 엄마, 그 엄마한테 꼬박꼬박 대들던 나, 한쪽에서 본다면 모두 나쁜 사람이다. 갑자기 미안했다. 엄마가 싸움닭이라는 꼬리표를 떼지 못한 이유가 뭔지 생각해본 적 없었는데, 이거였나. 엄마는 앞산 꼭대기 먼 하늘만, 나는 담벼락 아래 예쁜 꽃만 물끄러미 바라본다. 뒷집 개도 옆집 야옹이도 잠잠하다.

아버지 눈치 안 보고 당신 마음대로 할 수 있던 몇 가지 중 하나가 고봉밥이었다. 밥 많이 준다고 찌푸리더니 이제는 새우 숫자가 모자라다 불만이다. 나쁜 놈! 저 좋은 것만 찾아서일 게다. 변명하려는 건 아니다. 줄 때 처먹으라던 윗세대의 속내를 알아채기엔 그때의 내가 턱없이 어렸다. 엄마는 가끔 꿈이라도 꾸셨을까. 쌀도 밥도 펑펑 남아 돌아가는 세상을, 둘째 그 당돌한 애한테 그릇 높이만큼만 밥을 줘도 안쓰럽거나 미안하지 않을 언젠가를.

나쁜 놈

'서울의 봄', 5월 그날

1980년 5월 15일 금요일 저녁 7시쯤, 서울 종로 한복판

첫 미팅 후 세 번째 그녀를 만나는 날, 거리는 폭풍우 속의 조각배처럼 흔들리고 있었다.

이쪽 골목에서 와~ 하는 함성이 들리는가 싶으면 저쪽에서 방탄모를 뒤집어쓴 경찰이 진압용 곤봉을 휘두르며 시위대를 향해 달려왔다. 사람들은 순식간에 사방으로 흩어지고 다시 전열을 정비하여 죽창과 몽둥이로 전투경찰에게 덤벼들지만 어디선가 나타난 다른 무리 경찰에 의해 송사리 떼 도망치듯 뿔뿔이 흩어졌다. 상가는 셔터를 내렸고 그 좁은 골목에서 서로가 원수인 듯, 경찰과 시위대가 서로 두 눈에 핏발을 세우고 각목으로 곤봉으로 내리치고 있었다. 귀에 익은 데모 노래는 자주 끊겼으며 함성도 점점 희미해졌다.

경찰 닭장차의 확성기에서는 데모를 그만하고 귀가하라는 안내 방송이 계속 흘러나왔다. 국가 비상사태임으로 통제에 불응하는 사람 누구든 연행 조치를 하겠다는 협박성 멘트도 함께 들렸다. 시간이 흐를수록 시위대의 함성은 잔잔해졌고, 수적으로 절대 우세한 경찰의 곤봉과 무차별 타격이 시위대의 머리 위로 등으로 사정없이 떨어졌다. 처음부터 전투경찰의 상대가 되지 않을 줄은 알았으나 드러난 결과는 훨씬 참담했다. 바닥에 쓰러진 수많은 사람, 난장판 도로 위 쓰레기와 핏자국 그리고 여기저기 불기둥과 시커먼 연기…. 5월 그날 서울 한복판은 감당하기 벅찬 상처만 남긴 채 어둠 속으로 빠르게 묻혀갔다.

영락없이 휴교령은 떨어지겠다는 생각이 순간 엄습했다. 하고 싶은 얘기를 아직 꺼내지도 못했는데 이런 상황이면 그녀를 안전하게 집까지 데려다줄 일이 급했다. 광교 쪽으로 한참을 정신없이 달렸다. 오늘 같은 날 하필 하얀 뾰족구두를 걸치고 온 그녀를 흘낏대며 속이 탄다. 거리엔 차량도 거의 보이지 않았고 우왕좌왕 분주히 발길을 옮기는 사람들만 넘쳤다. 저 애가 타고 갈 버스나 있을까, 얼핏 본 손목시계는 여덟 시 반을 가리키고 있다. 광교 한복판 횡단보도를 뛰어가면서 얼떨결에 잡았던 손을 그녀가 슬쩍 뺀다. 앞쪽을 가리키며 나를 바라본다.

"뭐요?"

"저기 앞쪽에 걸어가는 사람, 오빠 같은데, 잠깐만. 갔다 올게요."

그러면서 낮에 건네주었던 카세트테이프를 내민다. 이건 뭐냐.

오빠라는 사람을 데리고 그녀가 금방 돌아왔다. 내 키 정도 그러나 다부진 체격의 남자와 간단히 인사를 나눴다. 상황이 심각하다. 너무 늦었다. 동생을 데리고 간다. 된다, 안 된다를 얘기할 계제가 아니었다. 멀거니 서서 그러시라고 고개를 숙였다. 닭 쫓던 개가 따로 없었다. 편지할게요~ 어영부영 기어드는 내 목소리가 들리기나 했을까.

순식간에 둘은 인파 속으로 섞여버렸다. 이 상황이 아니었다면 그 오빠라는 사람에게 나도 그녀도 혼났을 거라는 생각은 왜 들었는지. 인파에 가려 모습을 감췄던 그녀가 잠깐 고개를 돌려 나를 쳐다봤으나 금세 다시 사라졌다. 긴장이 풀리면서 온몸의 힘이 쭉 빠져나갔다.

혼자 걷기 시작했다. 큰길 따라 차가 다닐만한 곳으로 움직였으나 그 어느 곳에도 버스는 보이지 않았다. 문득 주머니의 카세트테이프가 손에 닿았다. 왜 돌려줬나, 그냥 가지고 가지. 다시 답답했다. 그녀와 나와의 연결 고리가 몽땅 사라지는 느낌이었다. 돌아가서 편지를 쓰자. 걷고 또 걸어 집에 도착하니 새벽 3시, 도둑처럼 개천 쪽 담을 넘어 방으로 들어가 쓰러지듯 잠을 청했다. 그녀의 놀란 얼굴과 엉망진창인 관철동 뒷골목, 데모대의 성난 함성과 경찰의 확성기 소리가 밤새 머릿속에서 아른거렸다. 잠깐 잡았던 그녀의 손이 따스했다.

삼 일 지나 1980년 5월 18일 월요일 새벽, 대문 앞에 배달된 조간신문 일면이 전국 대학 무기한 휴교령과 대한민국 영토에 대한 계엄령이 선포되었다는 머리기사를 전달하고 있었다. 서울대 정문을 장악한 계엄군 탱크 그리고 완전무장한 계엄군 사진이 신문지 1면을 채웠다. 어쩌면 그 애를 다시 못 볼 수도 있다는 불안감이 몰려왔다.

친구 서넛과 통화했다. 서로 뭔 일인지 묻기 바쁘다. 뭘 어째야 할지 모르면서도 학교에서 만나기로 의견을 모았다. 9시 반쯤 학교 정문, 예상했지만 어이없는 장면이 벌어지고 있었다. 교문은 굳게 닫혔고, 수위실은 매일 보던 전투경찰이 아니라 무장 군인이 점령했다. 신문에서 본 탱크와 군용 트럭이 학교 안에 진을 치고 있었다. 내 학교에 내가 들어가지 못한다는 그 상황이 기막혔다.

29년 후, 2009년 5월 18일, 월요일 저녁 7시쯤, 미사리 한강변에서

1980년 5월 18일 월요일 전 대학 휴교에 이어 그해 겨울 정권을 잡은 군사 정부가 들어설 때까지, 그래서 민주화며 독재 등등의 단어가 난무하기 시작한 역사의 현장을 계속 봐왔지만, 부끄럽게도 당시 내가 투철한 사회의식이나 확고한 역사관 등이 있었는지는 여전히 의문이다. 내 통령이 시해당하고, 데모꾼이 설치고, 민주화를 주장하던 반대파 야당의 목소리로 세상이 시끄러웠어도, 솔직히 말하면 그들 중 누가 옳은 건지에 대한 나의 의견은 존재하지 않았다. 판단의 잣대가 되어 줄 열린 토론과 소통의 방법이 없었다. 권력을 잡은 사람이 곧 정의였고, 패자는 역적이었으며, 반대로 승자와 패자가 바뀌었어도 상황은 마찬가지라는, 역사를 얘기할 때 아무짝에도 쓸모없는 가정과 전제의 몽매함만 거듭 확인했다.

대한민국을 혼란 속으로 밀어 넣은 80년의 봄은 이제 세월을 달리하여 29년 지난 미래로 무대를 옮겼다. 5명의 전직 대통령을 통해 영광과 수모의 극과 극을 경험했고 민족 최대의 이슈이자 동서 양 진영의 핵심 관심사인 북한 문제, 그리고 대한민국 내부의 이념 갈등 등이 얽히고설킨 복잡다단한 상황 속에서 살고 있다. 노사는 여전히 공영의 대상이기보다는 투쟁의 관계를 넘지 못한다. 국회는 협상과 통합보다는 주먹질과 고성 그리고 편 가르기의 전형처럼 보인다. 국민이 주인이라는 민주주의의 원칙은 까마득히 잊은 채 검은돈으로 무장한 야합과 치졸이 횡행한다. 많은 종교에서 설파하듯이 이 모든 게 다 내 탓이오~ 라고 받아들이기에는 억울한 사람이 꽤 많을 것이다.

그래서였을까? 아수라장 종로통 데모의 현장에서, 정의와 역사와 민족을 외치던 데모대의 꽁무니에서, 여자애와 연애에 빠졌던 얘기를 남들한테 대놓고 얘기하기가 조금은 쑥스러웠다. 민족과 역사를 생각하고, 정의를 부르짖던 그들의 뜻대로 세상은 쉽게 바뀌지 않았다. 기득권세력이 되어버린 그들도 부패하고 썩어 문드러졌다. 상식 있는 사람이면 안다. 아무리 해보려 한들 되지 않는 일은 역시나 안 되더라는, 그리고 그 이유의 대부분이 우리 자신의 몫이라는 것까지도.

  그 시절 그 장소로 돌아간다 해도, 이제는 사람 사랑하는 일에 매달려야겠다. 정의와 진리, 역사와 민족, 화합과 용서라는 거대한 화두는 굳이 내가 나서서 찾지 않아도 또 다른 목적을 지닌 교활한 인간들과 어리바리한 대중을 교묘히 끌고 갈 목적의 선구자(혹은 사기꾼) 몇몇이 줄기차게 떠들어 댈 얘기임에랴. 부끄럽거나 말거나, 할 수만 있다면, 얼떨결에 잡아본, 손이 따듯하던 그 여자애나 다시 찾아가련다.

멀건 대낮에 길을 잃다

 쇠락의 계절은 시작되었다. 꽃이 몇 개 보이지 않는다. 열매 맺으면 사라지는 것, 이 세상 생명체는 그런 고리를 벗어나지 못한다. 여물지 않은 열매들이 아직은 풋풋하다. 벌레 먹은 포도, 바닥에 떨어진 감과 밤송이는 서럽다. 발갛게 익어가는 고추, 시퍼런 콩 줄기와 잎사귀, 노란 은행잎, 들판을 꽉 채운 벼와 푸르른 나무. 싱싱해도 썩어 문드러진다. 때 되면 언젠가는 사라질 운명이고.

 목이 드러난 셔츠, 양말 한 켤레와 반바지, 손수건 2개와 간이 우비, 야외용 장갑, 지갑과 필통 크기의 세면도구 세트, 볼펜 한 자루, 혈압약 두 알, 메모용 다이어리, 랩탑 PC와 관련 장비들, 『Sex and the City』 영어 문고판, 편의점 캔 커피와 아이스티 한 병. 이틀간의 여행 준비물이 이뿐인 것을, '겨우 이것밖에 되지 않음'이 황당하면서도 그 이상의 준비물은 필요 없다. 다시 돌아갈 거니까.

용문 읍내 한적한 버스정류장에서 잠시 멈춘다. 길 건너 우체국까지 걸어가 나무 의자에 앉는다. 몇 줄 끄적대기가 대체 얼마 만인지. 여름 끝자락 피서의 무료함에 지쳤을까, 집으로 돌아가는 사람들 모습이 핼쑥해 보인다. 쉬려고 떠나와서 돌아갈 때면 초췌하다는 것, 엄청난 모순이다. 나는 그렇지 않을 거다. 더위를 피해 떠나온 것이 아니었으니, 나를 더 사랑할 힘을 얻으려 함이었으니. 피서객과 같으면 안 되지. 머릿속을 말끔히 비워 맑은 정신으로 떠나야지.

내 의지가 내 마음과 일치했던 적은 고백하건대 많지 않다. 떠나온 지 겨우 이틀, 라일락 향기와 최루탄 가스가 뒤섞인 도서관 옆 잔디밭에서 종로 운니동으로 보낼 편지를 쓰고 있던 그날의 기억이 떠올랐다. 스무 살 풋내기의 연애가 얼마만큼 거창했을까만, 할 수만 있다면 돌아가고 싶다. 단 이틀 밤을 버티지 못하고 무너지는 인내심이 경멸스럽다. 징그러운 추억 나부랭이가 사람을 엎어지게 만든다. 40여 년 전 첫사랑이 떠나간 날의 기억 요것이 언제까지 나를 붙잡고 늘어질지 답답하다. 일어나 걷는다. 당장 갈 방향이 어딘지도 모르는 채로.

언제나 사랑이라는 추상을 의심하며 살아왔다. 사랑이란 놈이 실제로 존재나 하는 건지에 대한 의문, 얼마큼이나 사랑했는지에 대한 자책 그리고 내가 정말 사랑하기는 했느냐에 대한 회의 등등…. 나를 바라보는 그의 사랑이 의심되었다면 차라리 그를 바라보는 나의 사랑에 문제가 없는지 확인을 했어야지. 설령 어느 부분이 조금 부족하다 했을지언정, 기다렸어야지. 그가 온전하게 날 사랑할 수 있을 때까지 참았어야지. 그렇게 살았어야 했다. 예나 지금이나 살아가는 자세는 그래야 옳다. 왜 이러나, 꼭 겪어봐야 아는 것도 아니련만.

시멘트 포장도로 옆 넓은 밭에 농작물이 무럭무럭 자란다. 고추 농사는 웬만큼 된 듯하고, 밤도 주렁주렁 많이 열렸다. 해바라기가 쭉쭉 컸고, 감이 제대로 영글었다. 은행나무와 대추는 올해도 대풍년일 것이고, 따가운 햇볕이 내 작은 몸 위에 기관단총 쏘아대듯 꽂힌다. 따갑다. 팔뚝 위 살점이 타버릴 것처럼.

절간 팻말이 보인다. 길섶 개울이 시끄럽다. 중간중간

에 널려 있는 바위틈을 헤집고 하얀 거품을 게워내며 시원스레 흐른다. 한 방울 한 방울의 물이 만들어낸 큰 줄기처럼 내 사랑도 차곡차곡 그렇게 쌓아갈 일이다. 그렇게 했어야지. 그랬다면 지금쯤은 뭐라도 되지 않았겠나. 산사(山寺)의 계곡물이 말없이 전한다. 앞으로는 그렇게 살라고.

용문사 초입의 일주문(一柱門)을 지난다. 겹겹이 하늘을 덮은 나무숲이 햇살을 틀어막는다. 아직 여름이라는 사실이 무색하게 가을인 듯 시원하다. 자연이 그런 거다. 일 미터도 채 되지 않는 음지와 양지의 거리가 만들어낸 마술 앞에서 감탄할 뿐이다. 가파른 계곡 따라 흐르는 물소리가 아까보다 힘차다. 땀이 절로 식는다.

몇백 년을 키왔다는 은행나무 아래에서 다시 걸음을 멈춘다. 골치 아프고 나를 조여오는 일상의 압박이 목까지 차올라 더 감당키 힘들어질 때, 그때 모든 것을 멈추고 어디론가 훌쩍 떠나보라던 친구 탁이를 떠올린다. 오길 잘했다. 열댓 명 넘는 인원이 그 이른 새벽부터 볼 게 뭐라고 여기까지 왔던 얼추 30여 년 전, 그땐 그녀가 있었고 지금은 없는, 그러나 여전히 내 주변을 어슬렁거리는

허깨비. 아, 그것도 사랑이라 불러야 하나. 그때나 지금이나 다를 리 없는 이곳이 갑자기 낯설다.

방향을 튼다. 계곡 옆길로 들어가 차가운 물에 두 발을 담근다. 발가락이 간지럽다. 세상 제일 질긴 놈 무좀, 차가운 물줄기에 실어 보내야겠다. 영원히 돌아오지 못하도록. 필요 없는 잡것이 어디 무좀뿐이랴. '광장과 밀실'을 주제로 대치했던 숱한 시간, '사랑과 이념'을 두고 벌인 허무한 논쟁들, 소주잔 앞에서 쓰러지고 자빠진 격동의 80년대 친구와 선후배들, 지금은 어디서 무엇을 하고 있을지.

잠깐 그때로 돌아간다. 조각난 기억으로만 남아있다. '서울의 봄'으로부터 시작된 우리들의 아픔, 반목과 질시의 시선들, 긴 밤 꼬박 새워가며 떠들던 개똥철학. 45년이 지난 현재까지도 변함없이 반복되는 역사, 그 허무함. 이젠 그들과도 작별하고 싶다. 아무리 생각하고 뒤집어 넘겨짚어도 이데올로기는 사랑보다 아래다. 목적을 품은 사상은 유효기간이 지나서 쓸모없는 철학이라도 되겠지만 가버린 사랑은 아직도 나를 들뜨게 하고 있지 않은가. 스물하나

청춘이 그까지 알기에는, 그래, 너무 어렸다.

진즉 깨달았어야 했다. 쓸모없는 이념 따위 계곡 아래 물줄기 속으로 던져버리고 사랑이나 실컷 했어야지. 죽기 살기로 했어야지. 감상적이고 무지했다. 그때의 잘못으로 사랑도 이념도, 광장도 밀실도, 뭐 하나 제대로 하지 못하고 수십 년을 아프게 보냈다. 시리게 살았다. 여기가 어디냐. 갑자기 낯설다. 이제 어디로 가야 하나. 훤한 대낮에 또 헤매게 생겼다.

(2009년 가을, 용문사)

끝말 가는 길

그녀의 기억

"시작이 반이랬다. 처음이 힘들 뿐 거짓말도 급수가 올라. 구세주 여동생을 앞세워 일찍 나왔어. 미장원에서 머리 손본 후 시간 맞춰 맞선 장소로 가겠노라 뻥치고."

그는 점잖지 않게 들릴 내 말투를 나무라지 않는다. 한 살 많다고 누나 되기 싫은 내가 장난삼아 그러는 줄도 안다. 때와 장소만 눈치껏 가리면 된다.

늦여름 주말 의정부—철원 간 버스는 입석마저 동났다. 직행버스는 출발이 늦다. 저녁에 의정부행 막차 시간을 맞추려면 일찍 떠나는 완행버스가 낫다. 시동 걸기도 전부터 버스는 이미 북새통이었다. 꼬마둥이 둘과 짐 보따

리 서너 개를 주렁주렁 온몸에 달아 거미처럼 다가오던 아줌마에게 자리를 내주고 의자 옆구리에 등허리를 기댔다. 버스 안에 실린 강아지, 흑염소와 새끼돼지가 애 보채듯 찡찡대고 보자기에서 튀어나온 닭이 퍼드덕 날아오른다. 속도나 방향이 바뀔 때마다 버스 안의 모든 것이 한쪽으로 쏠렸다가 제자리로 되돌아온다. 끈적끈적한 날씨, 퀴퀴한 땀 냄새, 얽히고설킨 팔다리, 맞닿은 등짝과 엉덩이 따위를 신경 쓸 겨를이 없다. 불평 한마디 없이 다들 그러려니 무덤덤하다. 땀범벅 내 얼굴에 포개진 아저씨의 뺨이 뜨듯하다. 나와 마주 선 채 어디 둘지 몰라 난감해하던 그의 손은 내 셔츠 자락을 붙잡아 옆 사람 몸이 나한테 닿지 못하게 벽을 쳤다. 청바지를 입어서 그나마 다행이다. 소나기 훑어 지난 길바닥 곳곳이 웅덩이처럼 패었다. 울퉁불퉁한 황톳길에서 똥통버스는 심심찮게 흔들리고, 그때마다 우린 암수한몸 아메바처럼 흐느적거린다. 아늑하다.

그의 기억

갈대숲은 별난 세상이었다. 강 언저리로 이어진 길 찾기가 막막하다. 눈어림 거리보다도 훨씬 멀었다. 꿈틀대는 생명체였다. 굽은 물길이 우리 발걸음을 되돌려놨으며 발목 위까지 푹 덮이는 개펄이 곳곳에 지뢰밭처럼 널렸다. 수백 마리 새떼가 느닷없이 튀어 올라 흠칫하기를 여러 번, 우리는 어렵사리 모래톱 끝 반짝거리는 물가로 빠져 나왔다. 뿌듯하고 자랑스럽게.

긴 하루였다. 조각난 물살이 돛배처럼 일렁이고 뿌연 물안개가 강 건너 산자락을 감아 오른다. 산마루에 걸린 해가 수천수만 색동 막대기로 내리꽂힌다. 물 위로, 모래 틈으로 장대비 쏟듯 퍼붓는다.

"바짓단이 홀딱 젖었네. 어떡하지? 축축하겠다."

"끝말 도착해서 말려야지. 근데, 아저씨! 소설 속에 나오는 갈대밭 속 연애질은 사기일 거야. 이런 데서 껴안고 뒹굴고, 말이 돼?"

"먼발치 모습보다야 속은 너저분했지."

"그래, 겉만 번드레했어. 품위 제로 교양 빵, 우리 엄마처럼."

"딸 걱정해서지. 세상 모든 어머니는 다 그렇대."

난 자기 엄마를 달갑잖게 여기는 그녀를 달래고 그녀는 그러는 내가 몹시 못마땅하다.

해가 넘어갔다. 물 건너 암청색 희뿌연 능선이 요새처럼 견고하고 어둠 내리는 산꼭대기 위엔 성긴 별이 밝다. 돌아가는 길에서 걸음 폭을 슬쩍 줄였다. 다시 함께할 날이 언제일지 모른다. 천천히 오래오래 걸으련다.

(1982년 8월, 철원, 문혜리)

그해 가을 밤하늘, 평창 12시간 그리고…

칼바람이 차다. 펜션 뒤쪽 산자락 모퉁이에서 잠시 걸음을 멈춘다. 감색(紺色) 하늘 아래 금세라도 쏟아져 내릴 듯 촘촘히 늘어선 별들, 그중에서 국자 모양 북두칠성이 눈에 보인다. 손잡이 끝 방향으로 다섯 뼘만 옮겨 가라던 자연 시간 선생님 말씀대로 어림잡아 더듬는다. 찾았다, 북극성! 그 시절부터 오십 년 넘게 같은 자리를 굳건히 지키는 별이 대단히 듬직하다. 광활한 우주 한복판에 서 있는 먼지 덩어리일 뿐인데, 그 감탄의 근원을 따져본다. 차마 닿을 수 없는 먼 곳이라서? 아마도,

과학자들이 추정한 지구 탄생 시절로 거슬러 올라가 까마득히 오랜 시간을 지켜온 불멸성 때문인가 싶다. 그래

서 존경스럽다는 표현이 어울리는 별, 그 주변 어딘가에 앉아있을 W자 카시오페이아 여왕이 안 보인다. 흐린 내 눈이 따라잡지 못할 곳에 앉아있을 것이다. 보이지 않는 다고 없는 것은 아니라지. "영원한 것은 없다.(Nothing lasts forever.)"라던 영문 소설의 제목은 "어떤 것은 영원하다. (Something keeps up eternally.)"로 고쳐야겠다.

방문 두드리는 소리가 요란하다. 이태원에서 140명이 대체 어쨌다고? 농담이겠지. 전화기 속 시계는 새벽 4시, 불 켜진 방들, 마당 곳곳에 서성거리는 친구들… 뭐냐. 정리가 되지 않아 멍하니 듣기만 했다. 긴 밤 꼬박 지새운 누군가가 친구들을 깨우며 비극적인 소식을 전하는 중이었다. 재앙 다음의 후폭풍이 더 거센 법, 검정 교복과 모자를 쓰고 등교했던 386 세대의 최선봉이 격론에 빠졌다.

마당 한쪽에서 친구 서넛이 티격태격 입씨름한다. 나이 먹어 함께 떠난 소풍, 술 마시며 웃고 들뜨며 신난 40년 우정이 쩍쩍 갈라진다. 삼청동과 여의도가 난리 났겠어. 올 것이 온 거지. 또 대통령 탓인감. 누가 그런 곳에 가랬나? 아서라, 우리가 왜 싸운다니! 꽃다운 애들이 불쌍해서 속

상한데도, 바라보는 시각이 다르다는 이유만으로 서로를 비난하고 으르렁거린다. 평창의 새벽녘이, 밤잠 설치는 바람에 어제에서 오늘로 죽 이어진 하루가, 그렇게 시작되었다.

60년 긴 세월에 두 해가 보태졌다. 내 말은 줄이고 남의 얘기를 귀담아들어야 할 나이에 하고 싶은 말들이 자꾸 솟구친다. 웬만하면 입을 다무는 것이 미덕인데. 때 되면 말로 인한 갈등이 부서지고 떨궈지고 마모되고 연마되어 다시 새로운 모습으로 자리 잡을 거라는 기대를 버리지 않고 살았다. 역사가 내어준 교훈을 반만 실천한다면 세상은 정의로워질 거라는 말도 굳건히 믿었다. 인간이 그간 저질러온 실수를 무뇌아처럼 답습하는 배반의 연속만 아니라면 가능한 일이었다. 해가 뜨고 있다.

피치 못할 사정을 앞세워 황태해장국을 씹는 듯 마는 듯 넘기고 역으로 출발한다. 일행을 놔두고 먼저 가는 녀석이 잔소리만 늘어놓는다. 이 나라 청정지역으로 손꼽히는 평창에까지 케이블카가 설치되었다는 사실을 탐탁지 않게 생각하며 서울까지 내가 타고 갈 고속철 역시 바람

작지 않은 문명의 이기(利器)라 여긴다. 자동차를 끌고 오지 않아 대체 수단으로 기차를 이용하는 주제에 말이 많다. 문명 무용론을 내놓고 주장하는 혁신주의자도 못 되면서.

편지함에 배달되는 우편물의 상당수가 공문서나 청구서인 시대에, 대중교통 수단을 타고 가면서 인쇄물을 읽는 게 촌스럽다 여기는 세태에 그리고 우체국에서 편지 보내는 일을 더러 한심한 짓이라고 치부하는 이 시절에 깨작대며 꾹꾹 눌러 쓴 메모지를 동기회 총무에게 달랑 내밀기 쑥스럽다. 동창 밴드에나 올려야지. 온라인 세상 조류를 따라가지 못하는 지진아인가 미숙아인가 나 스스로 적이 당황스럽다. 그런데 편안하다.

예민함도 병이랬다. 남이 뭐라 한들 내 식대로 살면 될 것을. 나를 다스릴 괜찮은 방법이 있을까 싶어, 읽다가 몇 번이나 손을 놨던 괴테의 『이탈리아 기행』을 펼쳤다. 여행기로 보자니 철학서 이상으로 심오하고, 수필이라기에는 엄청 무거우며 소설로 보기에는 대단히 사실적인 글이라 이래저래 꼽히는 명문(名文), 괴테급 대가와의 힘겨루기는 지더라도 손해 볼 것 없다는 얄팍함 때문인지 부담이 없다. 이번엔 끝장을 보리라. 역 앞이 잠잠하다.

마지막 기차 여행은 어렴풋이 따져도 10년 넘어간 듯. 이른 시간, 예약 없이 탈 수 있을 거라던 말대로 빈자리가 널렸다. 다음 역에서부터 인터넷 예약자들이 올라타겠지만. 이것도 여행이라고 느슨해진다. 옆자리에 앉을 사람이 누구일지 슬그머니 궁금하다. 여행복 차림의 젊은 세대, 6~70대 장년 아닌, 젊은 여자면 좋겠다는 흉한 속내를 알아챘을까, 기차가 잠깐 요동친다. 뭔 망발이라니, 자식뻘 애들이 서울 도심 길바닥에서 참혹한 변을 당한 게 몇 시간 전이다.

머쓱해서였다. 성탄절은 먼데도 떼쓰듯이 산타에게 메시지를, 애들 말로 날렸다.

"환갑 맞은 애들이 철없이 지금 케이블카 타러 가고 있어요. 몰려다니지 말라고 했는데. 큰 사고 없도록 보살펴주시고. 육십갑자 한 바퀴 돌아 새내기 된 청년들에게 크리스마스 선물이나 보내주십사 부탁드립니다. 추신: 엊저녁 이태원 사태 같은 불행한 사고가 더는 일어나지 않도록 내 나라 대한민국을 부디 굽어살피소서." 세계 최강 IT

국가답게 답장이 빠르다.

"Yes, I'm coming to your friends' home for Christmas Holiday."

봤지? 쓰린 속 달랠 우루사 두 알과 숙취해소제까지 보낼 거래. 이 나이에 필요한 만큼의 건강은 덤으로 주시겠단다. 크리스마스이브 날 자정까지 두 눈 꼭 부릅뜨고 기다려 받으세요. 엊저녁 하늘이 맑더라. 시간 내서 별이나 실컷 구경하렴. 공짜다.

청량리행 열차가 뿌연 아침 안개를 헤치며 느릿느릿 플랫폼으로 들어온다. 지난밤 별만큼 예쁜 아이들아, 사랑하는 친구들아, 안녕! 내 귀에만 처량했을까. 기적소리가 축 늘어졌다.

5.
몇 밤만 기다렸다 오지

아저씨네 가족은 딴 도시로 집을 옮겼고 우리 식구가 서울로 이사하던 날까지 광산촌은 한동안 복작거렸다. 그런 와중에 엉뚱한 생각이 꼬물꼬물 솟구쳤다. 귀싸대기 얻어맞아도 시원찮을 얘기, '아버지도 옆집 아저씨처럼 굴속에서 몇 밤만 기다렸다 오지. 우리 집도 돈 좀 받게.'

그때 거기

날이 밝기까지는 한참 멀다.
집 뒤 널따란 개울가 풀숲에선 벌레 소리 물소리
논둑 옆 산책길엔
어제 하루 쏟아진 사람들의 말이
곳간 구석 마른 먼지처럼 풀썩거리고
나는 뿌연 어둠 속을 느릿느릿 걷는다

스물 무렵 초가을
툇마루 위 백열전구를 뒤로
민박집 휑한 마당을 슬며시 빠져나온 둘이
긴 그림자 앞세워 양철 대문 밖으로 총총히 멀어졌던 날도
까만 하늘 위 거인 오리온은
오늘처럼 달의 여신 아르테미스 곁을 떠나지 않았다

갈대숲 공동묘지 봉분 꼬리 움푹 팬 자리

쿵쾅거리는 심장 소리
단잠 깬 새들이 푸덕거리며 날아오르고
우리를 찾아 나선 동료들의 외침이
제풀에 지쳐 잠잠해지고
동녘 어스름 쫓아 까맣게 깊어 가던 밤
언덕배기 너머 천오백 살 넘은 은행나무는
어둠보다 무겁던 새벽녘 그 침묵을
알고나 있었을까

기억의 용량은 시간의 무게를 이기지 못하는 법
조금씩 잊어간다는 안타까움을 비웃기라도 하듯
언젠가부터 오래된 흑백 사진처럼 더욱더 희미해지던
얼굴
그리움의 농도는 한치도 옅어지지 않았건만
먼동이 트려나
더 까매진 하늘

고질병이 슬슬 도진다
잊힌 얼굴이 나를 기다릴 거야

가야지
쏟아지는 별빛을 나침반 삼아
그때 거기
용문사(龍門寺) 언저리
검푸르던 여름밤으로

빵차와 초코칩

휴일 오후 나 앉아있는 별다방은 추워서 감기 걸리기 딱 좋다. 열흘 넘게 늦더위가 기승을 부려 에어컨이 쉬지 않고 돌아간다. 갈 곳이 마땅찮은 젊은 부부들이 가족을 데리고 줄지어 몰려온다. 갓난아기부터 한 무리 꼬마들까지 넓고 시원한 공간에서 신이 났다. 숫자가 많아서 소란스럽기는 해도 할머니와 할아버지를 옆에 둔 아이들에게 넓은 매장은 순식간에 놀이터로 변한다. 두세 살쯤 된 여자아이가 자꾸 내 앞을 왔다 갔다 하며 흘깃흘깃 쳐다본다. 그러다 눈이라도 마주치면 고개를 홱 돌린다. 고 녀석, 참.

면 단위 촌구석 학교에서 점심 도시락을 가져오는 아이

는 몇 명 되지 않았다. 점심시간 전 4교시는 붕 뜬 듯이 늘 어수선했다. 배가 고플 시간이었고 급식차가 오지 않을까 걱정이었다. 황톳길을 털털대며 달려온 삼륜차가 향나무 담장 끝 정문을 지나 운동장으로 들어온다. 뽀얀 흙먼지가 뒤따라온다. 소리만 듣고도 빵 배달차인 줄 안다. 창문 옆자리 애가 낮은 목소리로 알린다. "왔다." 이제나 저제나 급식 차가 올 때만을 기다린 꼬마들 얼굴이 순식간에 밝아진다. 점심 걱정 사라져 행복해진 아이들이 활짝 웃는다.

아이들은 운다. 배고프다고 울고, 아파서 무서워서 심심해서 얻어맞아서, 혼나거나 미움을 받아도 운다. 요컨대 그 반대일 경우에 아이는 웃는다는 말이다. 어린아이는 울거나 웃거나 중의 하나로 기분과 감정을 표현한다. 좋으면 미소 짓고 싫으면 짜증 낸다. 복잡하게 잔머리를 굴리지 않는다. 이것저것 생각할 능력이 없고 다른 방식으로 대응하는 방법을 몰라 아이들의 대부분은 울든지 웃든지 둘 중 하나로만 외부와 소통한다.

일본 작가 오사다 히로시가 「아이는 웃는다」라는 시에서 읊는다. 말을 못 하는 어린아이는 우는 것, 그치는 것, 잠자는 것과 사람 얼굴 들여다보는 것부터 배운다. 그리고 웃음을 알게 되는데, 웃는다는 것은 세상에 태어나 처음으로 배우는 말이라 한다. 그의 글에 의하면 말을 배우게 되는 순간 얻는 것보다는 잃어버리는 것이 훨씬 많다고 한다. 배운 말만큼의 슬픔을 알게 된다는 뜻이다. 게다가 잃어버릴 것 중 가장 큰 것이 '행복'이라 덧붙인다. 웃음을 배워 행복을 잃는다! 일반적인 통념과는 거리가 있지만 음미해볼 가치는 있다.

 조금씩 커가면서 아이는 사고의 폭을 넓히고 감정을 조절하기 시작한다. 자신의 주장만을 내세우는 사람에게는 비난이 따르고 문제가 생긴다는 점을 깨우치기 때문이다. 그런 관점에선 아이 티를 벗고 어른스러워진다는 점이 꼭 좋은 것만은 아니다. 뭔가를 아는 순간부터 사람은 자기 말을 상대방이 어떻게 받아들일지를 본능적으로 따진다. 해맑거나 순수한 면은 줄어들 수밖에 없다. 칠이 늘어 세상을 안다는 말 속에 숨어있는 부정적 단면이며 '어린이는 어른의 어른'이라는 격언의 단서이기도 하다.

 지난 몇 년 지중해와 흑해 연안의 몇 나라 간 쌈박질 와중에 전 세계가 소란스럽다. 전쟁 소식을 보도하는 외국

뉴스에서 종종 들리는 문구가 'at least'와 'ceasefire', '최소한' ~명이 죽었다든가 '휴전' 관련 기사다. 굶주림과 전쟁으로 발생한 사상자 숫자를 언급할 때 빠지지 않는 용어이며, 이제 전쟁 그만하라는 공허한 외침이다. 방송 내내 TV 화면의 어떤 아이도 웃지 않는다. 앙상한 몰골과 찡그린 얼굴만 그득하다. 아무리 전쟁통 세상이라지만 죄 없는 민간인까지 힘들게 할 이유는 없는데. 옛날 아이들, 이젠 순수함을 잃어버려 세상 이해관계를 꿰차고 있는 어른들의 통 큰 결단이 없는 한 당분간 그곳 아이들이 웃을 일은 없을 듯하다.

시골이든 서울이든 어디 가나 배고프던 때. 토요일 외할머니댁에 다녀오신다며 엄마가 백 원을 건네주었다. 하룻밤 자고 일찍 올 테니 동생 잘 데리고 있으라는 말과 함께. 머릿속에선 그 돈으로 뭘 할지만 생각했다. 용감한 형제가 의견일치를 보기까지는 1분도 걸리지 않았다. 라면 6개를 끓여 찬장 속 밥까지 국물에 말아 먹었다. 그날 이후 며칠간 우리 둘은 화장실을 끊임없이 들락거려야 했다. 그리고도 뭐가 그렇게 좋은지 마주치기만 하면 낄낄거렸다.

귀여운 꼬마 숙녀가 또 왔다. 이번엔 아예 멈춰선 채 나를 빤히 쳐다본다. 그리고 옆으로 옮겨가는 시선, 나 참 눈치가 없네. 컴퓨터 옆에 놓인 초코칩이 아이의 목표물인 줄 그제야 알다니. 과자를 내밀었다. 멈칫하다 잠깐 제 엄마를 바라보고 다시 얼굴을 돌려 눈을 맞춘다. 내가 고개를 끄덕인다. 두 손을 내미는 아이를 보며 엄마는 민망하고, 그것 상관없이 과자를 손에 넣은 꼬마는 웃는다. 그럼, 그래야 아이지! 얼굴이 환하다. 흙먼지 날리며 달려온 빵차 소식, "왔다." 한 마디에 술렁대던 나 어릴 적 시골 학교 아이들처럼.

문교부 장관쯤이야

초저녁부터 징징 졸랐다. 며칠 후 아버지는 거푸 보채는 나를 데리고 십 리 넘게 눈길을 걸어 면사무소 옆 학교에 갔다. 길옆으로 치운 눈의 높이가 내 어깨 위였고 사람들이 밟아 지난 곳은 유리처럼 맨질맨질했다.

"설이나 쇠고 오시지, 일 등 했슈."

"애가 안달을 쳐서. 올해는 꼭 학교 가겠다잖유."

"기특혀."

아버지는 낯간지럽게 한 마디를 굳이 덧붙인다.

"구구단하고 국문쯤이야 진작 뗐으니 입학시켜도 문제는 없을 거구먼."

서울 의사도 고치지 못할 병이다. 남 보기 민망하다고 몇 번을 얘기해도 아버지는 꿋꿋하게 요지부동이었다. 한 글이라는 멀쩡한 이름 놔두고 왜 국문이라는지도 못마땅하다. 신식 말로 하시라면 알았다 대답해놓고 돌아서서 또 국문 타령인, 참 개갈 안 나는 구식 아버지가 못내 듣고 싶었던 한마디를 교무실 직원 아저씨가 꺼냈다.
"문교부 장관감이네."
뒷짐 진 아버지 표정이 교장 선생님처럼 근엄하다.
"여기다 쓰슈. 이름허구 주소, 그런 거. 쭉."
아버지는 교직원이 건넨 서류를 내 앞으로 밀었고 난 누런 종이를 차근차근 채워나갔다. '본적' 등 잘 모르는 말은 아버지에게 물었다. 등사기로 밀어 찍은 글씨가 손바닥에 묻어났다. 잉크 냄새가 화하다. 서무 직원은 검은 철심 장부 첫 장 첫 줄에 한글과 한문 두 가지로 내 이름을 반듯하게 썼다. 이름 옆에 같은 숫자가 세 개나 보였다. 1학년 1반 1번. 으아, 괜스레 우쭐해져 바깥으로 나왔다. 햇살에 반짝이는 눈 알갱이가 운동장에 그득하다. 눈이 부셨다.
"원대로 입학 되었으니 까짓 일등도 허지. 넌 될겨."
기분이 좋아 속으로 웃었다. 아버지는 발개진 내 손을 자기 봉창으로 끌어넣었다. 굳은 살점 단단히 박혀 꺼칠

한 손바닥이 따듯했다. 입학 후 얼마 지나 평가 고사 결과 1학년 1반 1번이 1등이었다. 1등인 나보다 더 신난 사람은 아버지였다. 밤이 늦도록 나를 앞세워 온 동네를 한 바퀴 돌았다. 친구들 집을 찾아가 술이란 술은 보이는 대로 달라셨다. 아버지 혀가 고장 난 축음기 바늘처럼 제자리를 돌고 돌고 또 돌았다. 저놈은 한자리 할겨. 까짓 문교부 장관쯤이야, 암만이지.

(1968년 1월, 남양초등학교)

Bye HK, Forever~~~

떠나기 이틀 전, 2005년 12월 8일

비행기 편이 그렇게밖에 되지 않았다. 다음 날이 마지막 수업이니까 학교 가서 친구들과 선생님께 인사하라고 두 아이에게 전하면서 속이 쓰렸다. 컴퓨터 앞에 앉은 큰애는 메신저의 아이디부터 고치고 있었다. 'Bye HK, Forever'. 퀭한 눈을 보니 속으론 울고 있겠다. 급하게 옷을 갈아입고 나갈 채비를 한다. 친구들이 송별회 해준다고 기다린다면서. 밤 11시가 넘어 돌아왔다. 눈가에 눈물 자국이 마르지 않은 채로. 열여섯 사춘기, 사람들과 헤어진다는 것이 무슨 의미인지 알 만한 나이, 어떤 이별식을 하고 왔을까.

작은애는 아직 서울에 간다는 말이 뭔지 잘 모르는 듯했지만, 뭔가가 다급하게 진행되고 있는 줄은 눈치챈 듯하다. 제 형과 엄마 눈치만 살피다가 형이 나가자 시무룩해져서 방으로 들어가 전등을 끈다. 애도 쉽게 잠이 오지 않을 줄 안다. 문틈으로 얼굴을 내민다. 홍콩으로 돌아오지 않는 거냐고 묻는다. 드디어 알았구나. 고개를 끄덕였다. 애는 더 묻지 않고 조용히 방문을 닫는다.

떠나기 전날, 2005년 12월 9일

둘째가 텔레비전 위에 놓여있던 작은 액자를 들고 와 묻는다.
"이거 내가 써도 되나요?"
"그래, 뭐에 쓰려고?"
"친구들한테 카드 써서 담아 주려고요. 서울에 간다고 했는데, 편지라도 써주려고요."
그는 깨알같이 작은 색연필 글씨로 액자 위에 쓰고 그렸다. 제일 친한 영국 친구라면서 'specially to Brandon'이라 썼다. 그 애는 자기한테 줄 선물 준비할 시간이 없어서

현금으로 12달러를 줬다고 했다. 아이가 준비한 액자를 가지고 그 밤에 학교로 갔다. 경비 아저씨한테 사정 얘기를 하고 교실까지 들어간 작은아이는 한참 자리를 살피더니, 선생님 자리 한 편에 눈에 잘 띄게 액자를 세워 놓고는 잠시 생각하다가 도화지를 반으로 잘랐다. 굵은 매직으로 몇 자 써서 액자 옆에 가지런히 내려놓는다.

"Dear Mr. Schelino!

I am leaving tomorrow morning. This is for you and my classmate. I could not have enough time to prepare my present for all. Happy everyday for you and all my friends. See you again. Bye. Love Nick."

끝났으니 가자며 팔을 잡아끄는 열한 살짜리 꼬마 눈에 눈물이 반짝인다. 못 본 척했다.

큰애는 오늘도 중학교 친구들 만나고 8시쯤 돌아왔다. 또 울었는지 얼굴이 발갛다. 다음 날 뭘 가져가느냐 묻는다. 꼭 필요한 물건만 가져가라 대답했다. 나머지는 항공편으로 부칠 거라 하니 책은 버리지 말고 꼭 가져오라고 힘주어 말한다. 라면을 먹겠느냐 물었다. 두 애가 손바닥을 맞댄다. 두 개를 끓여 셋이 나눠 먹었다. 맛이 이상했다. 슬픈… 그런 맛도 있다.

떠나는 날 2005년 12월 10일

새벽부터 전화통에 불이 났다. 대답은 한결같다. 올 필요 없다고, 괜찮다고, 눈물이 나면 울 것이지… 큰애까지 난리났다. Central 역에서 친구들이 기다린다고 잠깐 봐야 한다고. 급기야 공항까지 같이 가도 되느냐 묻는다. 안 된다고 할 수 없었다. 나만 아프겠나.

택시에서 내리자마자 자주 봤던 큰애 친구가 덥석 인사를 한다. 탑승권을 받아 공항 가는 기차역 입구까지 큰애 친구들이 따라온다. 기차가 떠나기 직전 그들은 또 어깨를 껴안았다. 하는 짓들이 영락없이 서양 애들이네. 영화에서 봤던 악수 방식과 포옹들. 훌쩍훌쩍 등짝이 들썩거리고 손등으로 눈물을 훔친다. 우정, 사랑, 이별. 평생을 지속할 아픈 기억으로 남겠다. 가슴이 답답해진다. 이렇게 보낼 일을 만들지 말았어야 했는데.

작은애가 물끄러미 그 장면을 바라본다. 형들이 운다고 손가락질하다가 슬그머니 고개를 떨군다. 공항으로 가는 기차가 천천히 움직이고, 바깥에 서 있던 열여섯 꽃다운 애들 소리가 입 모양으로만 들린다. Bye, Andrew! 무릎에 얼굴을 묻은 큰애가 꺼이꺼이 울기 시작했다.

같은 날 공항에서

간단히 식사를 마치고 이후의 일정에 대해 몇 마디 나눈 후, 출국장 한참 먼 곳에 멈춰서 그만 들어가라고 했다. 무뚝뚝하고 멋대가리 없는 아빠. 진짜 이유는 그게 아니었다. 끝까지 따라가면 결국 내가 눈물이 날 것 같았다.
"가라, 연락할게."
돌아서서 걸어간다. 울컥 설움이 치솟았다. 잠시 후 큰애가 방향을 바꿔 허둥대며 뛰어왔다. 화장실로 들어가려다 걸음을 멈췄다.
내 앞까지 다가온 애가 다짜고짜 그 큰 덩치로 나를 껴안는다. 미안하다고. 뭐가 미안해. 내가 미안하지. 숨 막혀 죽겠다. 그만 팔 좀 풀지.
"공부 열심히 할게요. 몸조심하세요. 정말 미안해, 아빠."

"알았어, 그만 가봐라."

"네, 사랑해요, 아빠!"

나도 너 사랑한다, 요놈아. 보고 싶을 거야. 그만 울지, 남들 쳐다보는데. 이렇게 울 놈이 왜 그렇게 말은 안 들었대. 아이가 돌아선다. 걸어가는 그의 어깨가 가볍게 요동치고 있었다.

공항 밖으로 나와 담배를 물고 전화를 걸었다. 이 번호로 거는 마지막 통화일 것이다.

"잘 들어갔니?"

전화를 끊고 나서야 눈물을 쏟아낸다. 이젠 울어도 괜찮다.

이웃 친구들에게

어쩌다 보니 그렇게 되었다. 가야지, 텅 빈 집으로. 다음 주엔 이삿짐을 보내고. 헤어지는 건 이래저래 아픈 일이다. 15년 정들었던 홍콩 이웃께 일일이 말씀드리지 못했다. 이것저것 아쉬웠을, 고마운, 미안한 그분들에게 작별인사를 해야지. 채근담(菜根譚)에서 뽑은 몇 마디 글로 대신하겠습니다.

"지나간 일들에 가혹한 미련을 두지 말라.

그대를 스치고 떠나는 것들을 있는 그대로 반기고,

그대를 찾아와 잠시 머무는 시간을 환영하라.

그리고 비워두라,

언제 다시 그대 가슴에 새로운 손님이 찾아올지 모르기 때문이다."

(2005년 12월, 홍콩)

쿼리베이 소곡(素曲)

긴 여름이 끝나가고 있었다. 완차이 중심가 기린 바에서 우리는 맥주를 마신다. 신데렐라 아저씨가 한 마디 던졌다. 암만 봐도 돌이가 심상치 않아서 선이가 걱정을 많이 한다고.

"돌이가 누군데요?"

"선이 애인이야. 오래 살지 못할 것 같아. 일찍 집으로 돌아가서 선이나 위로해줘야겠어. 오늘 내일이래. 집안이 완전히 초상집 분위기네, 퇴근하면 딸내미 눈치 보기 바빠요."

애인이 죽는다는데 마음 편할 리 없겠지만 말이 이상했다. 선이에게 애인이? 열한 살짜리 여자애한테? 갸우뚱하는 나를 재미있다는 듯 바라보던 그가 윗도리를 집어 들며 혼잣말처럼 중얼거렸다. 그래도 돌이는 오래 산 거야. 선이가 마음 아파서 걱정이지. 먼저 갑니다. 나오는 족족 어려운 얘기를 꺼냈던 선배가 서둘러 자리를 떴다. 밤 11시 59분 아닌 초저녁에.

선이의 애인이라는 돌이. 한바탕 헛웃음을 날린 신데렐라 선배의 얘기를 정리하고 보니, 꼬마 딸애의 평범한 일화가 아니었다. 수업 끝나 집에 돌아올 때까지 선이 머릿속에는 돌이 생각뿐이었다. 아프지 않은지, 밥은 잘 먹었는지, 심심했는지 등 돌이에 관한 모든 것이 궁금하고 걱정스러웠다. 선이와 돌이는 만난 지 삼 년이었다. 선이의 아침은 출근하는 아빠보다 더 바빴다. 밥줄 시간, 대소변을 치워줄 시간, 싫어하는 행동과 조심해야 할 것 등등, 똑같은 주의 사항을 매일매일 집안의 누군가에게 알려주고 집을 나왔다.

돌이는 영어는커녕 한국말도 못 했다. 아니, 말을 못 하는 존재였다. 알아듣건 말건 방문을 열고 돌이에게 다가간 선이의 첫인사는 항상 'Hi, my dear?' 그리고 '안녕, 돌이야?'였다. 외출할 때도 이래저래 해달라 요청해 놓고 그래도 안심이 안 되는지 미적미적 뒤를 돌아보면서 집을 나섰다.

햄스터(hamster)란 일반적으로는 시리아 햄스터 종을 부르는 명칭이며 실험용이다. 일반 쥐와 비교, 깔끔하고 눈망울도 초롱초롱해서 실험용 외에 애완용으로도 사랑받는다. 최대 삼 년 정도 살지만 생육 환경에 대단히 민감하게 반응해서 애완용으로 키울 때는 조심할 사항이 많다. 애완견이나 애완냥이처럼 목욕도 시켜야 하고, 먹거리도 선별해서 줘야 한다.

이별의 시간이 다가오고 있었다. 삼 년 지나면서 돌이의 움직임도 둔해졌다. 때맞춰 주는 먹이가 쌓여만 가고 활발하게 뛰놀 시간에도 힘없이 누워있는 시간이 많았다. 노화가 시작된 것이다. 예상한 대로, 걱정했던 대로, 찬비가 주룩주룩 내리던 10월 어느 날 돌이는 수명을 다했다.

센트럴에서 보자는 수화기 너머 그의 목소리는 낮게 젖어있었다. 초저녁 소주는 끔찍이도 썼지만 우리는 아무 말 없이 두 병을 순식간에 비웠다. 목이 메는지 연신 콧등을 훔치던 선이 아빠 신데렐라 선배의 얼굴이 벌겋게 달아있었다. 돌이를 좀 더 살 수 있게 해달라던 선이의 부탁을 들어주지 못해 평생 미안할 것 같고, 돌이가 왜 3년만 살아야 하느냐며 글썽거리던 딸아이에게 적당한 대답을 주지 못해 답답해하던 중년의 사내는 빅토리아만 넓은 바다 앞에서 어둠을 방패 삼아 끝내 닭똥 같은 눈물을 한참 뿌렸다.

돌이는 쿼리베이 공원 한구석에 묻혔다. 선이가 미리 봐뒀던 자리라 했다. 조문객은 신데렐라 아저씨 부부, 상주는 선이. 돌이가 살았을 때 먹던 먹이 부스러기와 잠자리에 깔고 있던 천 조각 그리고 돌이 옆에 있던 유품 몇 개를 함께 묻었다. 선이가 하염없이 울기만 했다며, 선배는 꺼이꺼이 또 눈물을 쏟았다. 사랑은 저렇게 해야 한다고, 자기는 그런 사랑을 해본 적 없다고.

(2001년 10월, 홍콩)

일곱 살배기 홀로서기

흙먼지 풀풀 내면서 황톳길을 똥통 버스가 느릿느릿 기어간다. 그러다가 가끔 병든 소처럼 비실대며 주저앉는다. 부릉부릉 매캐한 연기를 진하게 뿜으며 또 일어나고. 창밖에 형 다니는 읍내 중학교가 보인다. 청양 정거장에서 버스를 바꿔 타고 30분쯤 가면 할아버지 사시는 두리마을이다. 광천 가는 길목 소리개뜰에서 내렸다. 할아버지가 하꼬방 앞에서 우리를 기다렸다. 두 분이 나누는 얘기를 듣고 나서야 알았다. 나를 부른 건 할아버지, 아버지는 일하러 다시 돌아가실 거였다.

방학이었다. 위아래 삼촌 사촌, 내 또래가 널린 곳, 두 밤까지 시간 가는 줄 모르고 신나게 놀았다. 삼 일째 되던 날 일어나면서부터 집 생각이 났다. 아버지가 데리러 올 날은 빨라야 일요일이라 너무 늦다. 아침부터 졸졸 따라다니며 징징대는 손자 보기 안쓰러웠을 할아버지가 끝내 나를 데리고 집을 나섰다. 청양까지만 데려다주면 거기서 집까지는 눈감고도 갈 자신이 있었다. 걷든 뛰든 버스를 타든.

읍내 버스 정거장에 도착했다. 뒷짐 쥔 채 앞서가던 할아버지가 팔자걸음을 멈춘다.

"배고프지? 저리 가자."

침이 넘어간다. 내가 뭘 먹고 싶은지 뻔히 알고 계신 분이다.

"뭐 먹을라?"

"아무거나요."

짜장면 두 개, 할아버지 최고!

정거장은 사람들로 붐볐다. 할아버지가 한쪽 나무 의자에 나를 앉히고는 안주머니를 뒤져 꼬깃꼬깃 접어둔 쌈짓돈을 꺼내어 10원짜리 한 장과 잔돈을 섞어 20원을 내 호주머니에 넣어주셨다. 내 돈이라며 가지고 있다가 필요할 때 쓰라는 말도 덧붙였다. 20원 공돈이 생겼는데 속은 복잡해졌다. 아버지나 엄마한테 말하지 않고 맘대로 써도 괜찮은지. 할아버지는 굳이 먼 곳 광산 뒤 안가막골 우리 집까지 함께 갈 거라셨다. 나 혼자서도 충분히 갈 수 있는데.

"소피 다녀오마. 여기 앉아있으렴."

한참 시간이 지나도 할아버지는 돌아오지 않았다. 그게 정말 오래였는지 아니면 잠깐인데 내가 초조해서 안달했는지는 수십 년 지난 지금까지 확실치 않다. 분명하게 기억하는 사실은, 변소로 가봤으나 할아버지는 없었고 그래서 역전 여기저기 할아버지를 찾아다녔다는 것. 해는 하늘 가운데에서 서쪽으로 조금 기운 곳에 있었다. 가만히 서서 마냥 기다리자니 바보 같았고 그래서 더 어둡기 전에 서둘러 떠나기로 했다.

청양읍에서 구봉산까지 버스가 신작로를 따라 달리는 것처럼 나도 그 길만 따라가면 집에 도착할 것, 크게 걱정할 일 아니다. 일단 출발하자 마음이 편했다. 걷다 뛰다 그렇게 한 시간쯤이면 도착한다. 길거리 불량배들과만 부딪히지 않으면 돈을 뺏길 일 없고 혹시나 마주쳐도 모른 척 내달리면 된다. 길가 구멍가게로 들어갔다. 눈깔사탕 2

개는 1원, 2원어치 사면 5개를 주었다. 내 돈 내고 뭔가를 산 첫날이었다. 어른이 된 기분이었다.

사탕 하나를 입에 물고 다시 걷기 시작했다. 길바닥 파인 곳에 흙탕물이 고여있다. 한바탕 비가 지나간 모양이다. 통통 튀는 소금장수가 물 위에 떠서 일자로 움직이다 각지게 방향을 바꾼다. 얼핏 모기 닮은 모습이 정나미 뚝 떨어진다. 발바닥에 끈적한 기름을 발라 물 위를 걷는다던 친구 얘기는 거짓말이다. 물속과 물 밖을 멋대로 드나드는 왕눈이, 물컹한 껍데기는 맨질맨질할지언정 깨구락지가 소금장수보다 훨씬 이쁘다.

삐뚤빼뚤 논바닥을 채운 쌀낭구가 내 팔뚝 길이만큼 자랐다. 긴 여름 내내 뜨거운 햇빛과 바람과 빗물을 맞아야 맛있는 쌀이 된다고 할아버지가 알려주었다. 초록 모가 노란 볏줄기로 바뀌는 게 요술보다 신기한 일이라 말씀하셨다. 아이가 커서 어른이 되는 것과 비슷하다고도 했으며 나더러도 얼른 자라 훌륭한 사람이 되라 하셨다. 먹구름이 낮게 깔려 주변이 어둡다. 비 님이 곧 오시려나, 중얼거리는 순간 지나던 버스가 흙탕물을 튀겨 길옆으로 비켜선 내가 흙범벅이 되었다. 운전사더러 욕 한 방 먹이기도 전에 사방이 깜깜해지고 있었다.

큰일 났다. 도망갈 곳 없는 신작로 한복판, 꺼먼 구름 뭉치가 저만치서 달려왔다. 버스삯 6원 아끼려고 집까지 걸어가다가 홀라당 젖게 생겼다. 내리는 비 못 막는다. 아버지도 그랬고 할아버지도 이럴 땐 고개를 가로저었었다. 도리 없다고. 어느 틈엔지 쏟아지는 빗방울, 마음만 급하지 비 피할 방법이 없다. 얼마 전 비 오던 날 하굣길에서 생각했었다. 빨리 움직이면 내 몸으로 떨어지는 빗물이 줄어드나. 그래서 비가 올 때 사람들은 헐레벌떡 내달렸던 걸까.

얼굴 따갑게 쏟아붓던 빗방울은 금방 그쳤다. 호랑이 장가 몇 번 가는 날이다. 홀딱 젖은 바지를 무릎까지 걷어 올리고 터벅터벅 걷다가 좀 전 소낙비처럼 우르르 몰려오는 걱정거리. 할아버지는 20원이 분명 내 돈이랬지만 뭔가 찜찜하다. 만약 엄마가 알면, 그러니까 사탕 산 2원을 6원으로 올리고, 버스삯 6원을 빼고 엄마에게 8원만 주면 10원 남는다, 그래야겠다!

인순이 누나가 일하는 곳 전화교환소 언덕배기 2층 건

물 앞에서 잠시 멈춘다. 여기부턴 내 동네라 겁날 것 없다. 내리막 끝은 광산 정문이면서 버스 종점, 그 중간쯤 방앗간까지 펄펄 뛰어간다. 이쯤 어디든 우리 동네 산마을까지야 맨날 왔다 갔다 하는 길이고, 어른들 말씀이 모로 가도 서울만 가면 된다더라. 구봉산 너머로 해 떨어지기 전까지는 충분히 집에 닿겠다. 비가 오긴 했나. 파란 하늘, 따가운 햇볕, 시끄러운 매미 소리. 어지럽다. 살살 졸리다.

몇 밤만 기다렸다 오지

금광 촌을 떠나는 사람이 점점 늘었다. 어른 대부분이 막장 일로 먹고사는 곳 안가막골, 그 동네를 떠난다는 사실만으로 이웃들의 부러움을 샀다. 광산 사택 우리 옆집에 살던 창선 아저씨네가 이사 가던 날, 동네 사람들이 골목 툇마루 앞으로 모여들었다. 사진기 앞의 그들 표정이 수줍으면서 환하다. 물색없다는 말이 딱 어울린다. 사진기 앞에만 서면 다들 왜 그리 행복했는지. 빛바랜 흑백 사진 몇 장이 50여 년 전 옛날을 불러왔다.

깜깜해져 앞산 꼭대기가 보이지 않는데도 아버지는 돌아오지 않았다. 아버지보다 먼저 잘 수 없어 하릴없이 누나의 방학 책을 들척이고 일기장에 몇 자 끄적이다 잠이

들었다. 어둑한 새벽 누군가 부엌문을 두드린다. 동트기 전에 스스럼없이 찾아올 사람이라면 옆집이나 뒷집 그도 아니면 정구 형네 아줌마다. 엄마가 문밖의 누군가와 나누는 얘기는 드문드문 끊겼지만 뭔 말인지는 어렴풋이나마 알아들었다.

  이웃집들도 출근한 아버지들이 돌아오지 않았다는 걸 보면 광산에서 밤샘 근무를 했다는 얘기다. 우리 같은 광부의 가족에게는 시도 때도 없이 생기는 일이었다. 금을 캐내야 광산이 살고, 아버지는 월급을 받고, 그래야 쌀도 사고 학교도 갈 수 있다. 아버지가 돌아오실 때까지 조금만 더 자기로 했다. 아버지는 금방 오실 것이다. 광목 이불을 끌어당겨 얼굴을 덮는다.

  날이 밝았다. 아버지는 오후 늦게까지 깜깜무소식이었다. 광산 앞 차부와 학교 근처 장에 다녀온 분들이 소식을 가져왔다. 광산에서 사고가 크게 났고 광부 열댓 명이 굴속에 묻혔다는 소문이 삽시간에 퍼졌다. 회사에서 되게 높은 사람 황 감독 아저씨가 사람들을 모아놓고 뭔 일이 있었는지 자세히 전해주었다. 오후에 굴이 무너졌다, 구조 작업을 시작했다, 걱정 안 해도 된다. 굴이 또 막혔어? 그

래봤자 늘 있는 일. 아버지나 이웃집 아저씨나 금방 올 거다.

　어른들이 동네 넓은 마당과 덕원이네 하꼬방에 모여 서성거렸다. 옆에서 귀를 쫑긋거리다 심심해진 꼬마들이 산모퉁이를 돌아 광산 앞까지 떼 지어 몰려갔다. 정류장 고물 스피커에서 흘러나오는 서울 말씨는 간지러웠다. 고무신 국회의원, 미국과 소련 대통령, 윤보선 박정희가 어쩌고저쩌고. 대부분 모르는 얘기라 그렇다 넘기는데 정작 아버지를 언제 어떻게 꺼내준다는 말은 없다. 그래 봤자 철갑옷 입은 돈키호테보다 훨씬 세고 용감한 분이 아버지다. 까짓 굴이 무너져봤자 하루 이틀 지나면 틀림없이 돌아왔다.

　흐으~음! 귀에 익은 잔기침, 영락없이 아버지였다. 광산 갱도가 무너지고 사흘째 되던 날, 식구들 곤히 잠든 새벽, 아무 일이 없었다는 듯 아버지는 툇마루에 걸터앉아 발꼬락내 물씬한 양말을 벗고 있었다. 잘 있었냐! 예, 근데 아버지는 괜찮대유? 말없이 웃는 아버지의 양쪽 눈 흰자위에 핏줄이 벌겋다. 얼굴이 만화 속 임꺽정처럼 시커먼 수

염으로 그득해서 그림으로만 봤던 원숭이가 떠오른다. 그날 아버지는 돌아왔다. 맨날 그랬던 것처럼.

미닫이 방문이 드르륵 열리며 엄마가 고개를 내밀었다. 새벽잠에서 막 깨어난 식구들이 두 눈을 비비며 줄지어 나왔다.

"창선이 살아있어. 소리가 들리더라. 한참 아래 배수장에 있었거든. 무너진 갱도 공구리가 단단히 막혀 어쩔 도리가 없었네. 굴 아래쪽에 갇힌 사람한텐 미안한데 앞에 있는 사람 먼저 살려야지. 살아남은 셋은 병원으로 데려갔고. 여직지 거기 갇혀있는 사람이 문제야." 아버지의 퀭한 두 눈이 몇 번 깜박이더니 그제야 긴장이 풀리는지 툇마루 아래로 스르르 무너졌다.

공일날이나 명절 때면 아버지가 광산 옆의 공중목욕탕으로 가끔 나를 데려갔었다. 뵈냐? 뜬금없이 묻는 아버지의 말을 알아듣지 못했다. 검은 반점 일곱 개가 등뼈 왼쪽 엉덩이 위에 국자 모양 비슷하게 박혀있었다. 북두칠성의 운이라 했다. 그게 뭔 얘기인지 그때는 몰랐다. 돈이나 권력이라고는 가져본 적 없는 남자가 별의 기운을 가졌으니 삶이 평탄할 리 만무했을 것이고, 그래서 아버지

의 인생은 고단했으리라. 돌아가시고 나서 해본 생각이다.

창선 아저씨가 구조되기까지 그로부터 13일이나 걸렸다. 춥고 어두운 땅속에 홀로 남겨진 분이 어떻게 16일이나 버텼는지 궁금했다. 그러나 아저씨도 아버지만큼 강한 분, 살 목숨이면 빠져나올 것이고 죽을 팔자라면야 어쩔 수 없다고 독하게 마음을 먹었지 싶다.

서울에서 신문사와 방송국 기자들이 산골짝 작은 마을 광산촌으로 거의 매일 들이닥쳤다. 깜장 사진기가 후라시를 펑펑 터뜨릴 때마다 네모 작은 틀 안에 사람이 차곡차곡 들어앉았다. 죽음에서 살아나와 국가 위로금을 받은 아저씨네 가족은 딴 도시로 집을 옮겼고 우리 식구가 서울로 이사하던 날까지 광산촌은 한동안 복작거렸다. 그런 와중에 엉뚱한 생각이 꼬물꼬물 솟구쳤다. 귀싸대기 얻어맞아도 시원찮을 얘기, '아버지도 옆집 아저씨처럼 굴속에서 몇 밤만 기다렸다 오지. 우리 집도 돈 좀 받게.'

죽고 산다는 것이 뭔지 몰라도 돈 좋은 것쯤은 알던 내가 어린 마음에 부러웠을 것이다. 아버지는 일곱 살 둘째 속내를 웬만큼 꿰고 계신 분, 그때 이 얘기를 아버지가 들었어도 허허 웃어넘기셨을 것이다. 오늘도 사진 속 기억을 더듬는 중에 잠깐 아버지가 보였다. 돌아가신 지 꼬박 30년, 그때의 아버지보다 머리칼 더 허예진 꼬마를 여전히 걱정하시는가.

에필로그

날개

가자
어딘지 몰라도
오라는 이 없어도

지금은
숨죽인 채
바람을 기다리는 시간